Afeto em competições matemáticas inclusivas

A relação dos jovens e suas famílias com a resolução de problemas

COLEÇÃO TENDÊNCIAS EM EDUCAÇÃO MATEMÁTICA

Afeto em competições matemáticas inclusivas

A relação dos jovens e suas famílias
com a resolução de problemas

Nélia Amado
Susana Carreira
Rosa Tomás Ferreira

autêntica

Copyright © 2016 Nélia Amado, Susana Carreira e Rosa Tomás Ferreira
Copyright © 2016 Autêntica Editora

Todos os direitos reservados pela Autêntica Editora. Nenhuma parte desta publicação poderá ser reproduzida, seja por meios mecânicos, eletrônicos, seja via cópia xerográfica, sem a autorização prévia da Editora.

COORDENADOR DA COLEÇÃO TENDÊNCIAS EM
EDUCAÇÃO MATEMÁTICA
Marcelo C. Borba
gpimem@rc.unesp.br

CONSELHO EDITORIAL
Airton Carrião/Coltec-UFMG; Arthur Powell/Rutgers University; Marcelo C. Borba/UNESP; Ubiratan D'Ambrosio/UNIBAN-SP/USP/UNESP; Maria da Conceição Fonseca/UFMG.

EDITORA RESPONSÁVEL
Rejane Dias

EDITORA ASSISTENTE
Cecília Martins

REVISÃO
Roberta Martins

CAPA
Alberto Bittencourt

DIAGRAMAÇÃO
Larissa Carvalho Mazzoni

Dados Internacionais de Catalogação na Publicação (CIP)
(Câmara Brasileira do Livro, SP, Brasil)

Amado, Nélia
    Afeto em competições matemáticas inclusivas : a relação dos jovens e suas famílias com a resolução de problemas / Nélia Amado, Susana Carreira, Rosa Tomás Ferreira. -- 1. ed. -- Belo Horizonte : Autêntica Editora, 2016.
    -- (Coleção Tendências em Educação Matemática)

    Bibliografia.
    ISBN 978-85-5130-007-7

    1. Matemática - Estudo e ensino 2. Matemática - Aspectos sociais 3. Prática de ensino 4. Professores - Formação profissional I. Carreira, Susana. II. Ferreira, Rosa Tomás. III. Título. IV. Série.

16-04655   CDD-510.7

Índices para catálogo sistemático:
1. Educação matemática 510.7
2. Matemática : Estudo e ensino 510.7

GRUPO **AUTÊNTICA**

Belo Horizonte
Rua Carlos Turner, 420
Silveira . 31140-520
Belo Horizonte . MG
Tel.: (55 31) 3465 4500

Rio de Janeiro
Rua Debret, 23, sala 401
Centro . 20030-080
Rio de Janeiro . RJ
Tel.: (55 21) 3179 1975

São Paulo
Av. Paulista, 2.073,
Conjunto Nacional, Horsa I
23º andar . Conj. 2301 .
Cerqueira César . 01311-940
São Paulo . SP
Tel.: (55 11) 3034 4468

www.grupoautentica.com.br

Agradecimentos

Agradecemos a todos os elementos da equipe do Projeto Problem@Web pela amizade e dedicação com que se envolveram em todas as linhas de pesquisa deste projeto. Agradecemos à nossa colega Eugénia Ferreira, da Faculdade de Economia da Universidade do Algarve, pela colaboração prestada no tratamento e análise estatística dos dados quantitativos. Deixamos o nosso especial reconhecimento a todos os alunos, familiares e professores que participaram ao longo dos anos em várias edições das competições matemáticas SUB12 e SUB14, em particular aos que aceitaram participar nesta pesquisa. Por fim, dirigimos um afetuoso agradecimento ao nosso colega e amigo Marcelo C. Borba pelas suas palavras de encorajamento e pelo inexcedível apoio que tornou possível a publicação deste livro.

Nota do coordenador

Embora a produção na área de Educação Matemática tenha crescido substancialmente nos últimos anos, ainda é presente a sensação de que há falta de textos voltados para professores e pesquisadores em fase inicial. Esta coleção surge em 2001 buscando preencher esse vácuo, sentido por diversos matemáticos e educadores matemáticos. Bibliotecas de cursos de licenciatura tinham títulos em Matemática, mas não publicações em Educação Matemática ou textos de Matemática voltados para o professor.

Em cursos de especialização, mestrado profissional, mestrado acadêmico e doutorado com ênfase em Educação Matemática ainda há falta de material que apresente, de forma sucinta, as diversas tendências que se consolidam nesse campo de pesquisa. A coleção "Tendências em Educação Matemática" é voltada para futuros professores e para profissionais da área que buscam, de diversas formas, refletir sobre esse movimento denominado Educação Matemática, o qual está embasado no princípio de que todos podem produzir Matemática nas suas diferentes expressões. A coleção busca também apresentar tópicos em Matemática que tenham tido desenvolvimentos substanciais nas últimas décadas e que podem se transformar em novas tendências curriculares dos ensinos fundamental, médio e universitário.

Esta coleção é escrita por pesquisadores em Educação Matemática, ou em dada área da Matemática, com larga experiência docente, que pretendem estreitar as interações entre a Universidade, que produz pesquisa, e os diversos cenários em que se realiza a educação. Em alguns livros, professores da educação básica se tornaram também autores. Cada livro indica uma extensa bibliografia, na qual o leitor poderá buscar um aprofundamento em certa tendência em Educação Matemática.

Neste livro, as autoras analisam aspectos afetivos que emergem ao longo da participação de jovens, com idades compreendidas entre 10 e 14 anos, em Campeonatos de Resolução de Problemas de Matemática – SUB12 e SUB14 –, que ocorrem *online*. Para além da discussão de conceitos teóricos, tais como concepções sobre a Matemática, atitudes em relação à Matemática e emoções suscitadas pela experiência com a Matemática, são ainda apresentados resultados de um estudo, que envolveu cerca de 350 participantes e que ilustram esses aspectos afetivos vividos pelos jovens na sua participação nos campeonatos.

Essas competições, de natureza inclusiva, apresentam características bastante singulares pelo fato de ocorrerem fora da sala de aula, estabelecendo um período de 15 dias para a resolução de cada problema, o que permite a melhoria de cada resolução nesse período. Há ainda o envolvimento dos pais na medida em que eles são estimulados a ajudarem os jovens participantes da competição. Com vários exemplos e relatos, as autoras trazem uma rica discussão sobre afeto, resolução de problemas e Educação Matemática.

Marcelo C. Borba[*]

---

[*] Coordenador da coleção "Tendências em Educação Matemática", é licenciado em Matemática pela UFRJ, mestre em Educação Matemática pela Unesp, Rio Claro/ SP, e doutor nessa mesma área pela Cornell University, Estados Unidos. Professor livre docente vinculado ao Programa de Pós-Graduação em Educação Matemática da Unesp, Rio Claro, é também autor de vários livros e artigos no Brasil e no exterior, tendo participação em diversas comissões em nível nacional e internacional. Atualmente, é bolsista produtividade do CNPq, nível 1A, e coordenador adjunto da área de Ensino da Capes.

Sumário

Preâmbulo 11

Introdução 15

Competições matemáticas inclusivas 19

Problemas matemáticos desafiantes 22

Uma panorâmica sobre os afetos na aprendizagem da Matemática 29

Uma incursão por três conceitos fundamentais 32

A respeito das concepções 32

A respeito das emoções 33

A respeito das atitudes 36

Alguns resultados da investigação no domínio dos afetos 39

O desenvolvimento do trabalho de pesquisa 43

O questionário aplicado 44

As entrevistas realizadas 44

Quem são os participantes nos
Campeonatos SUB12 e SUB14? 45

Principais evidências dos afetos envolvidos
nas competições matemáticas SUB12 E SUB14 49

As concepções acerca da Matemática 50

As atitudes em relação à Matemática 57

As emoções manifestadas 63

O envolvimento parental 73

Para uma imagem mais positiva da Matemática e da
resolução de problemas: o papel dos afetos 83

Referências 89

PREÂMBULO

O Projeto Problem@Web (2011-2014) dedicou-se ao estudo da resolução de problemas de Matemática no contexto de duas competições matemáticas baseadas na internet e de natureza inclusiva: os Campeonatos de Matemática SUB12 e SUB14 (http://fctec.ualg.pt/matematica/5estrelas/) promovidos pelo Departamento de Matemática da Faculdade de Ciências e Tecnologia da Universidade do Algarve (Portugal). Esses campeonatos dirigem-se aos alunos do 5º e 6º anos de escolaridade (SUB12, dos 10 aos 12 anos) e do 7º e 8º anos (SUB14, dos 12 aos 14 anos) das regiões do Algarve e Alentejo. Os campeonatos desenrolam-se anualmente ao longo de aproximadamente seis meses, começando pela fase de apuramento, que decorre *online*, e terminando com a fase final, de cariz presencial, que se realiza na Universidade do Algarve.

Os três focos de pesquisa do Projeto Problem@Web foram:

(a) O pensamento e as estratégias de resolução de problemas matemáticos, os modos de representação e expressão do pensamento matemático e o uso de tecnologias digitais na atividade de resolução de problemas;

(b) Os afetos relativos à Matemática e à resolução de problemas matemáticos, tanto em contexto escolar como extraescolar, considerando alunos, pais e professores;

(c) A criatividade manifestada na resolução de problemas matemáticos e a sua relação com o uso de tecnologias digitais.

Este livro debruça-se sobre o segundo foco de pesquisa e está orientado pelo interesse em conhecer: a visão dos alunos sobre a resolução de problemas dentro e fora da sala de aula; a forma como os pais e os professores encaram o papel das competições matemáticas desenvolvidas através da internet; e qual a relação entre a dificuldade, a procura de ajuda e o gosto na atividade de resolução de problemas dos jovens participantes. O tema do envolvimento parental promovido pela utilização das tecnologias digitais está presente noutros trabalhos desta coleção, em especial na obra de Borba, Scucuglia e Gadanidis (2014). Os autores discutem e oferecem uma diversidade de exemplos de "performances matemáticas digitais" que tiram partido da internet de banda larga e de todo um leque de ferramentas digitais favoráveis à expressividade e à comunicação de ideias matemáticas. Sublinham, ainda, a importância dessas performances digitais para aproximar as famílias da Educação Matemática dos seus filhos. De fato, os jovens têm hoje ao seu alcance a possibilidade de criar, publicar e partilhar instantaneamente as suas produções

> na forma de vídeo, texto usual ou texto multimodal na internet, para um público que é composto não só por seu professor e colegas, mas também colegas de outras turmas e membros da família e da vizinhança onde vive. A sala de aula, mesmo que timidamente, se abre para um público mais amplo. (p. 118)

Outra das nossas intenções foi a de obter um retrato dos jovens envolvidos em competições matemáticas baseadas na internet no que toca à sua relação com a Matemática, com a resolução de problemas e com o uso das tecnologias.

Os nossos diversos propósitos foram alcançados através de um processo de coleta de dados que se estendeu ao longo de três anos e que envolveu o arquivamento e seleção das produções dos participantes nos campeonatos (incluindo toda a comunicação eletrônica entre eles e a equipe organizadora e as suas resoluções dos problemas dos campeonatos). Fomos ainda ao encontro de um conjunto de participantes, pais e professores a quem fizemos entrevistas semiestruturadas. Tivemos momentos muito importantes e esclarecedores de contato direto com alguns dos jovens e suas famílias, tanto nos seus ambientes familiares como na Universidade do Algarve, por ocasião das Finais dos campeonatos, que nos permitiram aceder a muitas informações.

Esses dados foram complementados com as respostas que obtivemos a dois questionários. Um deles, que designamos por miniquestionário, acompanhava a submissão das respostas aos problemas durante a fase de apuramento; o outro, de maior dimensão, foi aplicado *online* a uma população alargada de alunos do ensino básico (dos 10 aos 14 anos) das regiões do Alentejo e Algarve (Fig. 1), independentemente de terem ou não participado nos campeonatos. Dessa informação, foi possível extrair elementos que nos permitiram abordar as concepções e atitudes dos alunos em relação à Matemática e à resolução de problemas, as emoções que acompanham o seu percurso nessas competições e o envolvimento dos familiares num contexto que vai para além da sala de aula. Grande parte dos dados quantitativos foi alvo de análise estatística, ao passo que as entrevistas e produções dos alunos foram alvo de análise qualitativa de conteúdo.

Figura 1 – Mapa de Portugal em que estão representadas
as regiões do Alentejo e do Algarve
Fonte: http://www.mapas-portugal.com/Mapa_Portugal.htm

Para além de diversos artigos já publicados pela equipe do Projeto Problem@Web em conferências e revistas científicas, nomeadamente no Brasil, estão disponíveis para o leitor interessado outras contribuições relativas às três linhas de pesquisa já referidas, nas atas da Problem@Web International Conference (<http://hdl.handle.net/10400.1/3750>) que se realizou em Vilamoura, Portugal, em maio de 2014. Nessa conferência, foram proferidas palestras plenárias por oradores convidados de diversos pontos do mundo: Marcelo C. Borba, do Brasil; Michal Tabach, de Israel; Jaime Carvalho e Silva, de Portugal, e Norma Presmeg, dos Estados Unidos. A equipe do projeto teve a seu cargo a apresentação de três sessões temáticas plenárias, entre as quais uma que se debruçou sobre o tema deste livro – as dimensões afetivas presentes na resolução de problemas no contexto de competições matemáticas inclusivas.

Pensando num público abrangente, onde se incluem professores, educadores matemáticos e pais, a equipe do projeto produziu também um material ilustrativo com recortes de momentos e episódios ocorridos durante a realização das competições matemáticas SUB12 e SUB14, que contém algumas das resoluções criativas de jovens participantes e testemunhos muito elucidativos das emoções e do afeto vivido por alunos e suas famílias nessas competições (<http://hdl.handle.net/10400.1/2733>).

Esperamos que a presente publicação, em língua Portuguesa, ofereça ao público interessado uma leitura agradável e proveitosa que possa contribuir para uma maior atenção e valorização do papel das questões afetivas nos mais diversos contextos de Educação Matemática no mundo de hoje.

Introdução

A Matemática, e em concreto o ensino e aprendizagem desta disciplina, é um tema que desencadeia, em muitas pessoas, inúmeras reações afetivas, mais ou menos intensas. Muito frequentemente, essas reações não são positivas, testemunhando memórias de um percurso escolar pautado por sentimentos de frustração, aborrecimento, descontentamento, ansiedade, etc. No entanto, as recordações da Matemática escolar também podem assumir um caráter positivo, reavivando entusiasmo, alegria e até orgulho pelo desempenho alcançado. Memórias à parte, atualmente, como antes, a Matemática suscita reações afetivas, sobretudo relacionadas com a visão que as pessoas detêm dessa disciplina, da sua utilidade prática e do seu papel no mundo e na vida.

A Matemática, mais do que qualquer outra matéria, é motivo de notícia na comunicação social, geralmente para reportar o elevado insucesso nessa disciplina, sobretudo no que diz respeito a provas de avaliação nacionais e internacionais. Essa imagem negativa serve também para consolidar na opinião pública a visão seletiva da Matemática que lhe é atribuída.

O insucesso na Matemática escolar determina muitas vezes os planos de vida futura de muitos jovens, que se veem obrigados a alterar os seus percursos acadêmicos para evitar essa disciplina. Depois de um historial de insucesso e de experiências negativas em Matemática, um considerável número de estudantes exclui essa disciplina das suas vidas, procurando um percurso acadêmico alternativo onde a Matemática não esteja presente. Se perguntarmos aos indivíduos que não terminaram os seus estudos secundários qual a disciplina em que registaram mais insucesso, a Matemática recolherá certamente uma percentagem muito elevada de respostas.

Ao longo dos anos, a investigação em Educação Matemática tem identificado e estudado inúmeros fatores ou variáveis envolvidos no sucesso escolar. As dimensões afetivas relacionadas com o ensino e aprendizagem da Matemática constituem variáveis importantes; no entanto, permanecem bastante escondidas aos olhos da comunidade escolar e da sociedade em geral, sendo consequentemente esquecidas. Essa ideia é partilhada por Goldin (2002), que destaca o mito muito popular de que a Matemática é uma atividade puramente intelectual na qual as emoções não têm lugar. Acresce, ainda, uma frequente imagem fantasiosa do matemático como alguém frio, austero e até sem sentimentos.

Contudo, reconhecem-se presentemente a importância e a influência das dimensões afetivas na aprendizagem da Matemática, em geral, e na resolução de problemas, em particular. Goldin (2002) refere que, quando alguém está individualmente a fazer Matemática, o sistema afetivo não é meramente um auxiliar do cognitivo mas, pelo contrário, desempenha um papel central. Essa ligação entre o lado afetivo e o cognitivo na aprendizagem da Matemática será retomada adiante neste livro.

Ao longo das várias edições dos Campeonatos de Matemática SUB12 e SUB14, fomos recolhendo inúmeros testemunhos que evidenciam a presença de dimensões afetivas na participação dos jovens. As Fig. 2 e 3 são exemplos que revelam claramente a presença dessas dimensões. Numa delas, um jovem participante revela o seu estado de tristeza por não ter conseguido *adivinhar* a solução do problema e, na outra, os participantes mostram o seu entusiasmo e ansiedade por saber se a resposta que enviaram está correta.

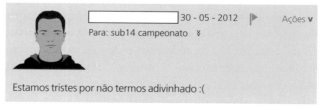

Figura 2 – E-mail de um participante no SUB14 (emoção negativa)

Introdução

Date: Mon, 23 Apr 2012 07:39:13 +0100
Subject: Importante
From: [_____]
To: sub14_7@hotmail.com

Por favor, respondam-me ao problema 8 que nos mandamos, estamos entusiasmados!

Figura 3 – E-mail de um participante no SUB14 (emoção positiva)

Embora exista um sólido corpo de investigação em torno das dimensões afetivas na atividade de resolução de problemas de Matemática, o contexto onde decorrem os campeonatos SUB12 e SUB14 apresenta algumas singularidades que requerem um novo olhar. As competições matemáticas SUB12 e SUB14 decorrem num ambiente para além da sala de aula, sendo que a participação dos jovens ocorre em casa, onde a utilização do computador e o acesso à internet estão disponíveis. Sempre que submetem uma resposta a um problema, os participantes recebem *feedback* sobre as suas produções. Podem ainda dispor de um período de tempo para trabalhar de novo nos problemas e voltar a submeter as suas respostas as vezes que forem necessárias no prazo definido para cada problema. Assim, o envolvimento dos pais é uma realidade devido ao modo de funcionamento das próprias competições, bem como ao nível etário dos participantes (10-14 anos) e ao caráter extraescolar e voluntário dessas atividades.

O nosso contato direto com os participantes e suas famílias ao longo de dez anos de edições sucessivas dos campeonatos permitiu-nos conhecer e viver alguns episódios interessantes, em diferentes momentos. A troca de mensagens de correio eletrônico com os participantes e os relatos de discussões em família, em torno dos problemas propostos nessas competições, mostraram o que ia acontecendo. Por exemplo, em algumas famílias, durante as refeições, pais e filhos discutiam estratégias para a resolução dos problemas, envolvendo-se todos nessa atividade. A competição, por vezes, estendeu-se de forma natural a outros elementos da rede familiar, como irmãos, avós, tios, etc.

O envolvimento parental a que fomos assistindo permitiu ainda que, além da procura de soluções para os problemas, se efetuassem algumas reflexões mais abrangentes acerca da própria atividade de resolução de problemas. Por exemplo, numa das conversas familiares em torno da estratégia de resolução de um problema, um pai, advogado de profissão, chegou à conclusão de que os adultos complicam os problemas e que os filhos mais novos apresentam maior flexibilidade e simplicidade nas resoluções que produzem.

Outro pai relatou-nos ao telefone o entusiasmo e fascínio que sentia pelos problemas que o filho ia resolvendo nos campeonatos e um dia decidiu colocá-los a vários elementos (adultos) presentes numa reunião da sua empresa, a maioria dos quais com formação universitária. E foi com surpresa e regozijo que viu os seus colegas de trabalho com dificuldades em lidar com os problemas que o seu filho resolvia tranquilamente no SUB12.

Em cada Final dos campeonatos, que se realiza na Universidade do Algarve, foram promovidas sessões para as famílias e acompanhantes dos jovens apurados, as quais decorriam ao mesmo tempo em que os concorrentes prestavam provas. Essas sessões constituíram também momentos altos de manifestação de emoções. Por exemplo, numa delas, um pai estava a resolver um problema no palco do auditório e pediu para partilhar com todos os presentes a emoção que estava a viver naquele dia, confessando:

> Esta é a primeira vez na minha vida que entro numa Universidade. Não tive oportunidade de estudar. Hoje, ao lado do meu filho de 10 anos, estou aqui convosco. Agradeço à Organização e à Universidade esta oportunidade de estar aqui com o meu filho, na Universidade. [Registro em vídeo de uma Final]

De fato, o envolvimento parental, a par da experiência dos jovens participantes, representa uma contribuição importante para promover a aprendizagem da Matemática, o gosto por esta disciplina e o prazer de superar desafios. Esse envolvimento constitui, sem dúvida, uma das dimensões afetivas da participação dos jovens no SUB12 e SUB14 que o nosso projeto valorizou.

Competições
matemáticas inclusivas

Entre as múltiplas competições matemáticas existentes, as Olimpíadas Internacionais de Matemática são amplamente conhecidas em todo o mundo. Em quase todos os países têm lugar as Olimpíadas Nacionais de Matemática, que servem de apuramento e seleção dos melhores alunos para a competição congênere internacional. São, por assim dizer, os jogos olímpicos da Matemática. Em Portugal e no Brasil, tal como em outros países, a percentagem de alunos que participa nas Olimpíadas Nacionais de Matemática é reduzida, dado o seu caráter altamente seletivo e competitivo. Apesar disso, e fruto de um investimento recente que tem existido na preparação específica de jovens para esse tipo de competições e também de uma certa mediatização dessas mesmas provas, tem havido um número crescente de alunos a participar e a ganhar medalhas nessas competições. No entanto, essas provas são, na sua essência, exigentes e apenas atrativas para um grupo restrito de alunos particularmente dotados para a Matemática.

Durante muitos anos, as competições tiveram como objetivo principal a identificação de alunos especialmente talentosos. No entanto, têm vindo a surgir recentemente diversas competições matemáticas que procuram, acima de tudo, motivar *todos* os alunos para a Matemática, promovendo o gosto e o interesse por esta disciplina e apostando em atividades matemáticas que os cativam (KENDEROV *et al.*, 2009; STOCKTON, 2012). São as chamadas *compe-*

tições inclusivas. É preciso, porém, esclarecer o significado do termo "inclusivo", que não deve ser confundido com "aberto". Existem competições abertas à participação em larga escala (no sentido de que qualquer pessoa pode participar) mas que não são inclusivas. De fato, se as tarefas propostas não são acessíveis à maioria dos alunos, então não podem ser consideradas competições inclusivas (KENDEROV *et al.*, 2009).

As competições inclusivas atraem naturalmente um número elevado de alunos pelo fato de serem mais acessíveis. Estima-se que milhões de alunos por todo o mundo já tenham estado envolvidos em competições dessa natureza. Mas elas diferem bastante na sua duração e também no tipo de atividade matemática realizada, na idade dos jovens participantes, no funcionamento em equipes ou individualmente, etc. Algumas dessas competições têm um caráter mais regional, dirigindo-se apenas aos alunos de uma certa região do país; outras decorrem em nível nacional ou até internacional, como é o caso do Canguru de Matemática. Encontramos, assim, uma diversidade de competições com características próprias, mas convergindo para um mesmo objetivo – envolver *todos* os estudantes em atividade matemática atrativa (KENDEROV *et al.*, 2009).

A participação de qualquer aluno em competições de natureza inclusiva deve ser uma decisão sua, tal como recomendam Protasov *et al.* (2009). Nenhum pai ou professor deve forçar ou obrigar os filhos ou alunos, respetivamente, a participar. Esses autores aconselham ainda um cuidado especial na seleção das tarefas a apresentar nessas competições, de modo a promover o sucesso nelas.

A escolha das tarefas deve estar diretamente relacionada com o objetivo das competições inclusivas, que é distinto do que visam as competições seletivas. Aliás, um dos aspectos distintivos das competições inclusivas, tal como referem Kenderov *et al.* (2009), está no fato de serem adequadas a participantes com diferentes habilidades:

> [...] os desafios podem ser adaptados a qualquer nível de desempenho. Mesmo aqueles [participantes] com capacidades mais limitadas podem beneficiar de ambientes desafiantes. Desde o início serão envolvidos em processos de pesquisa e de procura de estratégias e assim ganharão intimidade com a Matemática envolvida. (p. 87)

Esses autores destacam também a importância e, simultaneamente, a vantagem das competições (inclusivas) serem independentes do currículo:

> Um dos problemas da sala de aula é que o currículo escolar é bastante restrito e não se adequa a todos os alunos. As competições permitem expor os alunos a outros aspectos da Matemática e proporcionam-lhes condições para aplicar as suas capacidades e conhecimentos a situações novas. As competições enriquecem as experiências de aprendizagem de centenas de milhares, de fato, milhões de alunos que participam em competições inclusivas. (KENDEROV *et al.*, 2009, p. 64)

Vários estudos indicam que a participação em competições matemáticas (inclusivas), sobretudo dos mais jovens, tem uma influência positiva na sua motivação para aprender Matemática (FREIMAN; VÉZINA, 2006; KENDEROV *et al.*, 2009; KOICHU; ANDZANS, 2009; WEDEGE; SKOTT, 2007). Mais ainda, os benefícios da participação em competições matemáticas, para além da sala de aula – que pretendem ser projetos desafiantes, apelativos e matematicamente enriquecedores – incluem o desenvolvimento de uma relação positiva com a Matemática e a melhoria da competência em resolução de problemas. E isso acontece tanto para os alunos que têm normalmente um desempenho elevado na Matemática escolar como para os que têm menor sucesso (FREIMAN; VÉZINA, 2006; FREIMAN; VÉZINA; GANDAHO, 2005; KENDEROV *et al.*, 2009). A satisfação, o sentido de autoeficácia, o gosto e o interesse pela Matemática são algumas das vantagens identificadas pela investigação como resultado da participação dos jovens em competições matemáticas inclusivas (FREIMAN; APPLEBAUM, 2011).

Os campeonatos SUB12 e SUB14, que decorrem fora da sala de aula e assumem. um caráter voluntário, podem considerar-se competições matemáticas inclusivas. As características do seu funcionamento, sobretudo durante a fase de apuramento, sustentam essa natureza inclusiva. Por exemplo, todos os alunos são convidados a participar, independentemente do seu desempenho escolar; as famílias, os amigos e os professores são vistos como parceiros nessa participação, uma vez que o seu envolvimento na ajuda aos jovens é estimulado; são aceitas todas e quaisquer abordagens, estratégias, representações e recursos para encontrar as soluções dos problemas e para as comunicar; é dado *feedback* formativo e dialogante a todos os participantes, permitindo-lhes revisitar e rever as suas soluções e encorajando a persistência na resolução dos problemas; as soluções mais criativas, elegantes e interessantes são publicadas na página web das competições, reconhecendo assim a imaginação dos participantes, a sua criatividade, esforço e envolvimento. Na realidade, a natureza competitiva do SUB12 e SUB14 está concentrada apenas na fase final.

Os problemas propostos nessas competições possuem certas características que também contribuem para o seu caráter inclusivo. Uma dessas características é a sua distância relativamente ao currículo nacional. Isto é, os problemas não são escolhidos de modo a irem ao encontro dos temas curriculares habitualmente tratados na disciplina de Matemática. A organização das competições procura que os problemas propostos coloquem os participantes perante situações com alguma novidade para eles; ao mesmo tempo, é necessário que em cada problema eles tenham as mesmas possibilidades de chegar à solução, independentemente dos seus conhecimentos anteriores. Por exemplo, um problema proposto no SUB12 não pode ser tal que um aluno do sexto ano o resolva muito mais facilmente do que um aluno do quinto ano, pelo simples motivo de já ter aprendido na escola um método que lhe dê essa facilidade de resolução.

Mas talvez a característica mais marcante dos problemas propostos no SUB12 e SUB14 seja o fato de eles serem problemas matemáticos desafiantes. Importa, então, discutirmos um pouco essa ideia, pois ela é central no *design* das competições.

Problemas matemáticos desafiantes

Por definição, um desafio pressupõe naturalmente algum grau de dificuldade e a necessidade de ultrapassar um obstáculo. No dicionário, a palavra "desafiante" é sinônimo de: *Difícil de fazer; sugere disputa, despique; competição; qualidade do que incita; provocador; em que há grande obstáculo; jogo.*

A palavra "desafiante" conduz-nos à ideia de *persistência*, que é muito importante na atividade de resolução de problemas. Também nos leva à ideia de nos testarmos a nós próprios, pondo à prova as nossas capacidades (de resolver problemas). Embora a persistência seja promovida pelo SUB12 e SUB14, e mesmo reforçada pelo *feedback* formativo que é dado constantemente aos participantes (permitindo reformulações), a ideia de testagem das próprias capacidades não é central naquelas competições.

De acordo com Barbeau (2009), um desafio "é uma questão colocada deliberadamente para incitar o receptor a tentar uma resolução" (p. 5). Naturalmente, uma questão ou tarefa pode constituir-se num desafio para alguém com um certo conhecimento de base, mas ser um exercício trivial para outra pessoa (PONTE, 2005). "Um bom desafio é aquele para o qual uma pessoa detém o aparato matemático ou a capacidade lógica necessária, mas precisa de os usar de um modo inovador ou não padronizado" (BARBEAU, 2009, p. 5). Os bons desafios matemáticos são normalmente vistos pelos alunos como sendo diferentes das atividades usuais de resolução de problemas na sala de aula. Mesmo quando percebidos como difíceis de tratar, esses desafios estimulam sentimentos de prazer e satisfação (JONES; SIMONS, 1999, 2000).

Barbeau (2009) encara o desafio matemático como:

> Uma ideia que irá revitalizar o discurso acerca do papel da Matemática no panorama educacional. Na escola, poderá ajudar o aluno a enfrentar desafios na vida futura, promovendo atributos desejáveis como a paciência, persistência e flexibilidade, a aprender conteúdos de forma mais interessante, a estabelecer conexões, a tornar-se independente e confiante, a experimentar o prazer do envolvimento e a alegria do sucesso e a participar numa comunidade de aprendizagem. (p. 6)

A perspectiva de Barbeau (2009) acerca dos desafios leva-nos à antiga questão da relação entre afetividade e cognição. O estudo dessa relação tem merecido bastante interesse por parte dos investigadores, desde longa data. Embora inicialmente os afetos fossem vistos como causas que se repercutiam ao nível da cognição, essa relação causal tem sido gradualmente abandonada pelos educadores matemáticos:

"[...] os afetos, longe de serem o 'outro' lado do pensamento, são parte dele. Os afetos influenciam o pensamento tanto quanto o pensamento influencia os afetos. Os dois interagem" (WALSHAW; BROWN, 2012, p. 186). Ainley (2006) corrobora essa perspectiva, realçando que "[...] os processos afetivos, motivacionais e cognitivos, embora possam ser separados conceptualmente e empiricamente, são interdependentes na experiência continuada dos estudantes" (p. 391).

A própria noção de (*bom*) desafio é um exemplo da complexa relação entre afetos e cognição. Vários aspectos de natureza cognitiva estão envolvidos na resolução de um bom desafio: "explicação, questionamento, formulação de conjeturas, abordagens múltiplas, avaliação da eficácia e elegância de resoluções, e construção e avaliação de exemplos" (BARBEAU, 2009, p. 5). Para Barbeau (2009), "é expectável que exista nas pessoas uma vontade latente para aceitar desafios desde que sejam ativados os estímulos adequados" (p. 5). Isso significa, portanto, que alguns aspectos do foro afetivo são intrínsecos à noção de (*bom*) desafio.

As competições matemáticas, sobretudo as de natureza inclusiva, proporcionam contextos privilegiados, fora da sala de aula, para lançar desafios aos jovens (KENDEROV *et al.*, 2009). Ora, os vários problemas propostos no SUB12 e SUB14 são sempre enquadrados numa situação contextualizada, sobre a qual se coloca uma questão direta. No entanto, espera-se que eles sejam vistos pelos participantes como verdadeiros desafios, o que significa que se pretende que os participantes se sintam incitados a resolver esses problemas e tenham uma vontade intrínseca de se envolverem na procura da solução. Daí que exista uma diferença subtil entre um problema matemático e um problema matemático desafiante.

Um *problema matemático* é usualmente visto como uma situação sobre a qual se conhecem os estados inicial e final, isto é, conhece-se o que é dado e o que é pedido; no entanto, o processo para ir de um ponto ao outro não se encontra imediatamente disponível através de técnicas ou de um método previamente estabelecido. O conceito de "problema matemático" prende-se exclusivamente com aspectos cognitivos. Por seu turno, um problema matemático desafiante envolve também aspectos emocionais, apelando à curiosidade, imaginação e criatividade. Logo, um *problema matemático desafiante* torna-se num problema interessante e agradável sem que seja necessariamente fácil de resolver (FREIMAN *et al.*, 2009).

Criar um contexto que promova o desafio como um instrumento motivacional para todos os alunos não é uma tarefa trivial. Considerar um desafio, em especial um desafio matemático, como garante de motivação é uma ilusão. De fato, a pesquisa tem enfatizado a necessidade de um certo equilíbrio no grau de desafio das perguntas ou problemas colocados aos alunos (SCHWEINLE *et al.*, 2006) e, como tal, a noção de desafio moderado tem ganho terreno (TURNER; MEYER, 2004).

Turner e Meyer (2004) realizaram alguns estudos em contextos acadêmicos que sugerem que os alunos mostram preferência por tarefas com alguma dificuldade, mas ao mesmo tempo um certo receio e mal-estar em relação à possibilidade de cometerem erros. Verificaram que há uma preferência dos estudantes pelas situações para as quais a sua expectativa de sucesso ronda os 77%. De fato, se a tarefa for muito fácil, a expectativa de sucesso é muito elevada; se a tarefa for muito difícil, a expectativa de sucesso é muito baixa. Em qualquer dessas duas situações, a tendência para aderir à tarefa em questão acaba por baixar.

Desta forma, podemos concluir que os desafios moderados estão ao alcance de qualquer aluno, mas exigem esforço na busca de uma solução. No entanto, o significado de desafio moderado não é universal porque diferentes pessoas encaram uma mesma tarefa de modos diversos: um mesmo indivíduo pode sentir níveis distintos de desafio numa mesma tarefa dependendo de ter voluntariamente escolhido realizá-la ou de esta lhe ter sido, de algum modo, imposta (SCHWEINLE *et al.*, 2006). A percepção de desafio também está associada ao interesse da tarefa: "A importância de uma tarefa e a sua relação com o interesse do aluno não podem ser ignoradas, uma vez que cada uma delas se relaciona com desafio" (SCHWEINLE; BERG; SORENSON, 2013, p. 4).

O interesse é um fator importante para que possam ocorrer experiências emocionalmente ricas e para promover a compreensão em contextos de aprendizagem. Os melhores desafios serão idealmente os que se relacionam essencialmente com os interesses dos alunos e que não saem fora da sua zona de conforto em termos da sua percepção de sucesso na resolução. "As tarefas difíceis requerem [...] mais esforço e, ao mesmo tempo, ameaçam o sentido de eficácia" (Schweinle *et al.*, 2013, p. 16). Embora as ideias de desafio e dificuldade tenham características em comum – por exemplo, ambas se relacionam com o esforço e envolvem um certo nível de complexidade – e sejam usadas frequentemente como sinônimos, de fato, elas são diferentes. Schweinle *et al.* (2013) argumentam que "enquanto o valor e a importância são atributos frequentemente associados a tarefas desafiantes, os mesmos não são necessariamente associados a tarefas difíceis" (p. 3). Logo, nem todas as tarefas difíceis são suficientemente desafiantes para quem as tenta resolver. Além disso, "as tarefas desafiantes podem estimular orientações motivacionais positivas, não sendo o mesmo necessariamente verdade relativamente às tarefas difíceis" (Schweinle *et al.*, 2013, p. 5).

No contexto do SUB12 e SUB14, todos os problemas propostos procuram ser problemas matemáticos desafiantes, destinados a envolver uma população muito heterogênea. Tais problemas não são escolhidos pela dificuldade que possam trazer aos participantes, mas antes pela sua capacidade de os entusiasmar e de os envolver na sua resolução, de modo que se sintam capazes de alcançar uma solução mesmo que isso exija algum esforço. Deste modo, os problemas propostos no âmbito do SUB12 e SUB14 são problemas matemáticos de desafio moderado.

Os ambientes em que é legítimo e natural pedir ajuda são coerentes com os ambientes promotores de desafios moderados. Tais desafios parecem ser ideais para estimular os alunos a tentar estratégias alternativas e a explicá-las, a analisar abordagens diferentes e a valorizar resoluções diversificadas. Ora, dois aspectos essenciais dos ambientes promotores de desafios moderados são a legitimidade da procura de ajuda e a preocupação com a explicitação e explicação do raciocínio. Estes dois aspectos estão claramente presentes no SUB12 e SUB14: a procura de ajuda é explicitamente encorajada e a descrição do processo de resolução dos problemas é obrigatória, de acordo com as regras de funcionamento dessas competições. Além disso, essas duas competições partilham de duas qualidades essenciais que podem considerar-se típicas das práticas que valorizam o desafio: responsabilização na demonstração de compreensão e criação de uma atmosfera emocional que apoie a aprendizagem (Schweinle *et al.*, 2013; Turner; Meyer, 2004).

Embora reconhecendo o caráter relativo do significado de desafio moderado, há indicadores que sustentam que esses desafios favorecem o desenvolvimento de afetos positivos. Porém, outras condições devem girar em torno dos desafios moderados, entre as quais um ambiente social que promova sentimentos de satisfação, gozo e autoconfiança, bem como de apreço pela Matemática (Schweinle *et al.*, 2006), desencorajando a comparação social e realçando o valor e importância das tarefas desafiantes (Schweinle *et al.*, 2013). Consideramos que estas características estão presentes nas competições matemáticas SUB12 e SUB14, contribuindo, assim, para a sua natureza inclusiva. De fato, a inclusão tem também em vista promover a satisfação e o prazer na resolução de situações desafiantes, diminuindo a frustração, dando reforço positivo e encorajando a persistência. "Níveis ótimos de desafio, rodeados por apoio afetivo e motivacional, podem proporcionar contextos muito propícios a sentimentos de satisfação, prazer, eficácia e valorização da Matemática pelos alunos" (Schweinle *et al.*, 2006, p. 289).

Uma panorâmica sobre os afetos na aprendizagem da Matemática

O estudo dos afetos no campo da investigação educacional (em particular na resolução de problemas matemáticos) enfrenta uma enorme dificuldade pois, tal como referem vários autores, eles revestem-se de uma característica muito particular: a sua invisibilidade (LEDER; PEHKONEN; TÖRNER, 2002). Contudo, as dificuldades em torno do estudo dos afetos não desencorajaram os pesquisadores. Por exemplo, autores de proveniências e obras tão diversas como Presmeg (2002, 2014), Gomez-Chacón (2012, 2014), de Abreu (1995, 2007, 2008), Matos (1991) e Ponte (1992), em algum momento das suas carreiras, mergulharam nesse campo.

Como referimos, a perspectiva de Barbeau (2009) sobre desafios, que adotamos aqui, traz à tona a problemática da relação entre afetividade e cognição. Apesar de os afetos terem começado por ser considerados as causas para alguns efeitos visíveis em termos cognitivos, atualmente essa associação não mais é subscrita. Afetividade e cognição são dimensões inter-relacionadas que se influenciam mutuamente (cf., por exemplo, AINLEY, 2006; GOMEZ-CHACÓN *et al.*, 2006; SCHWEINLE *et al.*, 2006; WALSHAW; BROWN, 2012). Aliás, estudos recentes mostram a existência de interessantes conexões entre os afetos e o processo de ensino e aprendizagem e a própria atividade matemática (SELDEN; MCKEE; SELDEN, 2010).

Na literatura sobre afetos na aprendizagem da Matemática, o trabalho de McLeod (1992) é uma referência incontornável. Esse autor organiza os afetos segundo três dimensões – concepções/ crenças, atitudes e emoções – que são usadas para "descrever um vasto leque de respostas afetivas à Matemática" (McLeod, 1992, p. 57). Apesar da aparente dificuldade em separar ou diferenciar essas dimensões, elas podem distinguir-se relativamente à sua estabilidade. Enquanto as concepções e as atitudes são normalmente estáveis – "aumentando em intensidade, desde as concepções 'frias' acerca da Matemática, passando pelas atitudes 'amenas' relacionadas com gostar ou desgostar de Matemática até às reações emocionais 'quentes', como a frustração de [não conseguir] resolver problemas não rotineiros" (McLeod, 1992, p. 578) –, as emoções mudam, tipicamente, de forma rápida. Mas as concepções e as atitudes também se distinguem pelo grau de reação que provocam nos aspectos cognitivos e ainda no tempo que levam a desenvolver-se. As emoções estão também no extremo mais forte de um *continuum* de intensidade, com as concepções no polo oposto e as atitudes situadas nos pontos intermédios. A ideia de que a Matemática é baseada em regras e fórmulas é exemplo de uma *concepção*; não gostar de fazer demonstrações geométricas é exemplo de uma *atitude*, e a alegria ou a frustração na resolução de um problema são exemplos de *emoções*. Segundo McLeod (1992), "o papel das concepções é central no desenvolvimento de respostas atitudinais e emocionais à Matemática" (p. 579), podendo, ainda, afetar o desempenho dos alunos na resolução de problemas:

> As concepções dos alunos acerca da resolução de problemas podem enfraquecer a sua capacidade de resolver problemas não rotineiros. Se os alunos acreditam que os problemas matemáticos devem sempre ser resolvidos em cinco minutos ou menos, eles podem não estar predispostos a persistir nas suas tentativas de resolução de problemas que poderão levar substancialmente mais tempo a resolver para a maioria dos alunos. (p. 581)

DeBellis e Goldin (2006) acrescentam às três dimensões dos afetos propostas por McLeod (1992) uma nova dimensão – os valores. Os autores apresentam um modelo tetraédrico que envolve *emoções, atitudes, concepções* e *valores*:

As emoções descrevem estados de sentimentos inconstantes, experienciados conscientemente ou ocorrendo pré-consciente ou inconscientemente durante a atividade matemática (ou outra). Os sentimentos emocionais variam de suaves a intensos, e são imersos local ou contextualmente.

As atitudes descrevem orientações ou predisposições para certos conjuntos de sentimentos emocionais (positivos ou negativos) no âmbito de contextos (matemáticos) particulares. Isso é diferente da visão mais frequente de atitudes como predisposições para certos padrões de comportamento. As atitudes são moderadamente estáveis, envolvendo um equilíbrio na interação entre afetos e cognição.

As concepções envolvem a atribuição de algum tipo de verdade ou validade a sistemas de proposições ou outras configurações cognitivas. As concepções são frequentemente bastante estáveis, fortemente cognitivas e bastante estruturadas. [...]

Os valores, incluindo ética e moral, referem-se a "verdades pessoais" profundas ou compromissos fortemente abraçados pelos indivíduos. [Os valores] ajudam a motivar escolhas a longo prazo e prioridades no curto prazo. Também podem ser bastante estruturados, formando sistemas de valores. (p. 135)

Essas dimensões não são independentes, pelo contrário, cada uma delas influencia as outras.

Selden, McKee e Selden (2010), apoiando-se na investigação de Damásio, um prestigiado neurocientista português, sugerem uma quinta dimensão afetiva, que se fundamenta na separação entre *sentimentos* e *emoções*. Nas palavras de Damásio (2003), "as emoções acontecem no teatro do corpo. Os sentimentos acontecem no teatro da mente" (p. 28).

Neste livro, optamos por esta perspectiva mais ampla de afetos que envolve as cinco dimensões: *concepções, atitudes, emoções, valores e sentimentos*. Contudo, focamos a nossa atenção apenas em três dessas dimensões – *concepções, atitudes e emoções* – de jovens participantes e pais, nos campeonatos de Matemática SUB 12 e SUB 14.

Uma incursão por três conceitos fundamentais

A respeito das concepções

Retomando as ideias de Schoenfeld (1985), recordamos a importância que este autor atribui aos contextos culturais no desenvolvimento das concepções, destacando a influência do ambiente de sala de aula nas concepções dos alunos acerca da natureza da Matemática e da sua aprendizagem, com reflexos óbvios na resolução de problemas. A investigação produzida por esse autor mostra que a Matemática parece ser encarada como uma disciplina difícil e pouco agradável – falar de Matemática, para muitos alunos, é sinônimo de regras ou fórmulas. De acordo com a investigação desse autor, os alunos consideram que a Matemática é uma disciplina muito importante, mas difícil e baseada em técnicas e procedimentos, ainda que essa visão possa mudar à medida que os jovens crescem.

Na perspectiva da equipe do Projeto Problem@Web, os contextos de aprendizagem desempenham um papel determinante no desenvolvimento dos afetos e, ao mesmo tempo, nas concepções dos jovens acerca da Matemática e da resolução de problemas. O caráter cultural e o papel relevante do contexto sobre a forma de encarar a Matemática é sublinhado por Schoenfeld (1985) e sustenta a nossa convicção quanto à importância de estudar as concepções dos jovens de hoje que atuam como *Humans-with-Media* (Borba; Villarreal, 2005). Esses jovens vivem num ambiente em que as tecnologias digitais são as suas ferramentas naturais para comunicar e interagir com os outros. É interessante notar que, em 1992, McLeod já antevia a importância do computador nos contextos de aprendizagem e nas vidas das pessoas. Mais de duas décadas passadas, o Projeto Problem@Web propôs-se estudar as concepções dos jovens relacionadas com a Matemática e a resolução de problemas em contextos para além da sala de aula permeados pelas tecnologias digitais.

A investigação no domínio dos afetos depara-se com a dificuldade de oferecer uma definição exata para os termos: concepções, atitudes e emoções. Essa dificuldade está relacionada com o fato de estes conceitos não serem diretamente observáveis, como já referimos, mas necessitarem de ser inferidos pelo investigador.

Outro obstáculo prende-se com as conexões existentes entre esses três conceitos, tornando-se difícil a sua distinção (McLeod, 1992). Leder e Forgasz (2002), ao apresentarem uma seleção de oito definições de concepções, mostram bem a dificuldade em encontrar uma definição que seja aceita por todos. McLeod e McLeod (2002) corroboram essa dificuldade e justificam que esta multiplicidade de definições se deve à diversidade de públicos envolvidos e aos propósitos das investigações realizadas, devendo ser adotada aquela que se mostra mais adequada a cada situação. Sem querermos entrar em discussões sobre esta variedade de entendimentos, a nossa intenção é descrever como os alunos, do quinto ao oitavo ano de escolaridade, que participam no SUB12 ou no SUB14, percebem a Matemática como disciplina e se relacionam com ela e com a resolução de problemas, tendo em conta o papel que as tecnologias desempenham no contexto dessas competições inclusivas.

A respeito das emoções

O jovem que enviou a mensagem de correio eletrônico para a organização do SUB14 a que aludimos atrás (ver Fig. 2) revela uma emoção de tristeza por não ter *adivinhado* a solução de um certo problema. No entanto, também podemos encontrar na palavra "adivinhar" uma certa concepção acerca da resolução de desafios matemáticos – a de que há um certo tipo de *insight* associado à obtenção da solução de um problema. Esse exemplo reflete a dificuldade reconhecida na literatura em destrinçar os diferentes conceitos presentes no estudo dos afetos (como, por exemplo, estabelecer uma fronteira entre concepção e emoção).

As emoções estão sempre presentes em qualquer experiência humana, mas apenas são observáveis quando são mais intensas. Por vezes, revelam-se através de reações fisiológicas. Hannula (2002) elenca algumas das características básicas das emoções:

> as emoções têm três possíveis leituras, mutuamente independentes: respostas de excitação adaptativas-homeostáticas (por exemplo, a libertação de adrenalina na corrente sanguínea), expressões exteriorizadas (por exemplo, sorrir), e experiências subjetivas (por exemplo, sentir-se triste). (p. 28)

Para Damásio (2000), emoções como alegria e tristeza, ou outras menos intensas, são conjuntos complexos de reações químicas e neurais a estímulos que se traduzem em alterações corporais, tais como o batimento cardíaco, a temperatura, a transpiração, etc. Esse autor salienta ainda que:

> Conhecer a relevância das emoções nos processos de raciocínio não significa que a razão seja menos importante do que as emoções, que deva ser relegada para segundo plano ou deva ser menos cultivada. Pelo contrário, ao verificarmos a função alargada das emoções, é possível realçar os seus efeitos positivos e reduzir o seu potencial negativo. (p. 252)

Normalmente, os alunos têm consciência das suas emoções e são capazes de identificar as suas reações emocionais típicas em diferentes situações:

> Quando um aluno se envolve em atividade matemática, existe uma avaliação, contínua e inconsciente, da situação em relação aos seus próprios objetivos. Esta avaliação é representada como uma emoção: progredir em direção aos objetivos induz emoções positivas, ao passo que obstáculos que bloqueiam o progresso podem induzir raiva, medo, tristeza ou outras emoções desagradáveis. (HANNULA, 2002, p. 29)

"As emoções positivas desempenham um papel primordial em contextos educativos" (GOETZ et al., 2008, p. 10). No contexto da aprendizagem da Matemática, as emoções mais frequentes são gosto, ansiedade, raiva e tédio (FRENZEL; PEKRUN; GOETZ, 2006).

No Projeto Problem@Web, temos dado particular atenção ao gosto pela resolução dos problemas durante a fase de apuramento do SUB12 e SUB14. De fato, um dos critérios determinantes para a seleção dos desafios para essas competições é que eles sejam agradáveis para os participantes, isto é, que estes gostem de os resolver. Na verdade, acreditamos que tal contribui para o próprio caráter desafiante dos problemas que são propostos nessas competições.

"As emoções acadêmicas em Matemática [...] estão diretamente associadas à aprendizagem e ao desempenho" (KLEINE et al., 2005, p. 221) e podem ser classificadas de acordo com duas categorias: valência e ativação. "Enquanto a valência é considerada como uma dimensão bipolar (positiva vs. negativa), a ativação é entendida como unipolar e indica o grau com que uma dada emoção se está a ativar" (KLEINE *et al.*, 2005, p. 221). Entre as emoções positivas, o gosto, o orgulho e a esperança são consideradas emoções ativadoras, ao passo que o alívio e a descontração são emoções desmobilizadoras. Entre as emoções negativas, a ansiedade, a raiva e a vergonha ou o sentimento de culpa são vistas como emoções ativadoras, ao passo que o tédio e o desespero são emoções desmobilizadoras. Kleine e seus colaboradores (2005) alertam para o fato de que não se pode assumir que as emoções positivas tenham um efeito positivo na aprendizagem nem que as emoções negativas influenciem a aprendizagem de forma negativa.

Neves e Carvalho (2006), sem se referirem especificamente à Matemática, chamam a atenção para a existência de emoções que são favoráveis à aprendizagem e de emoções que lhe são desfavoráveis: "[...] o medo e a confusão persistentes, o pressentimento, a resignação, a incerteza prolongada, a falta de autoconfiança (que leva à desistência e ao afastamento) e o aborrecimento" (p. 206) são exemplos de emoções que colocam obstáculos à aprendizagem. No caso particular das competições SUB12 e SUB14, procura-se incessantemente evitar, ou diminuir, o aparecimento dessas emoções através da legitimação da existência de ajuda, que é incentivada pela organização, e do constante *feedback* de encorajamento para a melhoria das produções apresentadas, mostrando aos participantes que a Organização acredita nas suas capacidades de sucesso.

> Uma vez que as emoções são contagiantes, devem promover-se as emoções favoráveis à aprendizagem: experiências de conforto, bom humor, sensação de divertimento e prazer, em articulação com o sentido de desafio e persistência, estados de aceitação e ambição; mistério, e curiosidade. (NEVES; CARVALHO, 2006, p. 206)

Todo o contexto de funcionamento do SUB12 e SUB14 procura ir ao encontro dessas recomendações, desde proporcionar um ambiente de participação amistoso, ao lançar problemas matemáticos desafiantes, promover a persistência, e estimular a curiosidade e imaginação dos participantes.

A respeito das atitudes

A investigação no domínio das atitudes foi muito popular nas décadas finais do século XX. Foram investigadas as atitudes em relação à Matemática como uma disciplina, mas também em relação a tópicos específicos, tais como a resolução de problemas. De acordo com McLeod (1992):

> Atitude refere-se às respostas afetivas que envolvem sentimentos positivos ou negativos de intensidade moderada e estabilidade razoável. Exemplos de atitudes acerca da Matemática incluem gostar de geometria, não gostar de problemas de palavras, ser curioso relativamente à topologia, sentir-se aborrecido por causa da álgebra. (p. 581)

Para este autor, as atitudes face à Matemática parecem desenvolver-se segundo dois caminhos distintos: i) "as atitudes podem resultar da automatização de uma reação emocional à Matemática que é repetida" (p. 581). Assim, por exemplo, o insucesso reiterado na resolução de problemas poderá ir criando uma atitude cada vez mais estável de desistir da resolução de problemas; ii) "uma segunda fonte de atitudes consiste na associação de uma atitude já existente a uma situação nova mas relacionada com a anterior" (p. 581). Um exemplo desta transferência poderá estar na atitude negativa face à resolução de problemas geométricos que resultou de uma atitude negativa face à resolução de problemas algébricos.

Tal como as concepções, as atitudes são também um constructo difícil de definir. Segundo Di Martino e Zan (2011), "o constructo de atitude é entendido, no contexto da psicologia social, como a orientação para se *comportar* de uma certa maneira, daí uma atenção explícita à relação que tem com o comportamento e, em particular, com a *previsão* do comportamento" (p. 473). Inicialmente, a investigação em torno das atitudes centrou-se na construção de instrumentos que conseguissem medir este constructo. Nessa fase, teve grande interesse a procura de relações de causa-efeito entre atitudes positivas e bom desempenho em Matemática.

Di Martino e Zan (2010) decompõem o estudo das atitudes em relação à Matemática em: i) disposição emocional para a Matemática; ii) visão da Matemática; e iii) percepção da competência em Matemática. Esses autores referem ainda a existência de uma relação entre uma disposição emocional negativa para a Matemática e as concepções dos alunos acerca do sucesso nesta disciplina. Desse modo, aconselham a que se promova uma imagem da Matemática mais focada no processo do que no produto final, levando os alunos a associar o sucesso com formas de pensamento interessantes e produtivas em lugar de simplesmente respostas certas. As competições SUB12 e SUB14 partilham desta filosofia. Apesar da importância de uma resposta correta aos desafios que são propostos, a expressão clara do processo de pensamento é constantemente exigida para que a resposta possa ser considerada completa (e correta).

Alguns resultados da investigação no domínio dos afetos

Nesta seção, abordamos alguns resultados da investigação no domínio dos afetos, com particular destaque para a relação entre afetos, Matemática e resolução de problemas. Em Portugal, destacamos o trabalho de Abrantes (1994), que resume as principais concepções dos alunos sobre a natureza da Matemática, referidas pela literatura:

- Os problemas de Matemática têm uma e uma só resposta.
- Há apenas uma maneira correta de resolver um problema de Matemática, que é, geralmente, a última regra que o professor explicou.
- Os alunos médios não devem querer compreender a Matemática, mas apenas memorizá-la e aplicar aquilo que aprenderam de um modo mecânico.
- A Matemática é uma atividade solitária, feita por indivíduos em isolamento.
- Os alunos que compreendam a matéria são capazes de resolver qualquer problema em cinco minutos ou menos.
- A Matemática que se aprende na escola tem pouco ou nada a ver com o mundo real.
- A demonstração formal é irrelevante nos processos de descoberta ou invenção.

Matos (1991) também observou a existência de duas concepções diferentes que assumiam uma importância distinta conforme os alunos: uma concepção da Matemática como uma disciplina de regras para usar em situações bem definidas e outra em que a Matemática é entendida como uma expressão do indivíduo, implicando a necessidade de elaboração e de raciocínio. Outros estudos têm igualmente destacado o fato de que a visão dos alunos acerca da Matemática não é linear, podendo até apresentar contradições (ABRANTES, 1994). Em todo o caso, como mostra o estudo de Abrantes (1994), a visão dos alunos sobre a Matemática condiciona o modo como estes se envolvem nas tarefas matemáticas que lhes são propostas.

O estudo das atitudes em relação à Matemática tem atualmente um percurso bem firmado, ainda que o seu campo de investigação não se esgote, dadas as mudanças que ocorrem nos contextos de aprendizagem e as alterações significativas a que assistimos ao longo do tempo. Por exemplo, as tecnologias vieram oferecer a possibilidade de novas abordagens na resolução de problemas de Matemática (JACINTO *et al.,* 2014; CARREIRA, 2015). A literatura tem vindo a destacar a importância e o impacto das dimensões afetivas na aprendizagem da Matemática, nomeadamente no desenvolvimento de atitudes positivas em relação à resolução de problemas, como seja a persistência na procura de soluções para um problema. A investigação em torno das atitudes mostra alguma preocupação com o fato de este conceito não ser fácil de definir ou revelar-se pouco estável. Esta instabilidade pode ser resultante das influências do contexto social e emocional na construção das atitudes (RUFFELL; MASON; ALLEN, 1998). Por exemplo, Ponte (1992) observou que uma atitude favorável dos professores face à resolução de problemas contribuiu para uma atitude de maior interesse por problemas mais exigentes, pelos estudantes do 7º ano de escolaridade participantes no seu estudo.

À semelhança de outros autores (por exemplo, PIERCE; STACEY; BARKATSAS, 2007), partilhamos a preocupação com a existência de alguma instabilidade nas atitudes, mas apesar das dificuldades consideramos importante conhecer e estudar as atitudes dos participantes envolvidos nas competições matemáticas SUB12 e SUB14.

Na nossa perspectiva, essas competições matemáticas proporcionam aos jovens experiências diversificadas que podem ajudar a promover atitudes positivas, como a persistência e a vontade de resolver problemas de Matemática, o que poderá contribuir para melhorar as competências matemáticas desses jovens. Entre as várias características de funcionamento dessas competições, o *feedback* que é invariavelmente dado a cada uma das respostas enviadas, a possibilidade de melhorar (várias vezes, se necessário) uma resposta incorreta ou incompleta, o encorajamento à procura de ajuda (inclusivamente oferecida pela própria Organização) e o cuidado colocado na seleção dos desafios propostos contribuem para que a experiência de participar nessas competições tenha efeitos positivos na relação dos jovens com a Matemática e, como consequência, concorra para a sua aprendizagem.

Num estudo longitudinal desenvolvido em Itália com o objetivo de caracterizar as atitudes dos alunos em relação à Matemática, Di Martino e Zan (2010) desenvolveram a análise de narrativas como um novo "instrumento consistente com uma abordagem interpretativa, capaz de captar as emoções dos alunos, as suas concepções e atitudes acerca da Matemática, dando voz aos alunos através da possibilidade de falarem sobre aspectos que consideram relevantes para a sua própria experiência matemática" (Di Martino; Zan, 2013, p. 1309).

Vários resultados da pesquisa de Di Martino e Zan (2013) merecem o nosso destaque. Por exemplo, os autores concluíram que o medo associado à Matemática está relacionado com o receio que os alunos sentem de não serem capazes de resolver os exercícios que lhes são propostos. Um dos alunos envolvidos nesse estudo refere: "Os problemas são aquilo de que eu gosto menos porque tenho medo de não ser capaz de os resolver" (p. 1310).

Errar ou não saber como resolver um problema de Matemática é algo altamente indesejável e que provoca um aumento do medo de fracassar e, como tal, parece paralisar os jovens na sua atividade matemática. Por outro lado, parece existir uma espécie de *fatalismo matemático* que impede os jovens de se empenharem e terem força para inverter esta situação, considerando que ela é irreversível. No mesmo estudo, alguns alunos justificam o seu insucesso, afirmando que não são suficientemente inteligentes. Esse tipo de pensamento está relacionado com uma mensagem implícita de que "falhar é uma prova de pouca inteligência" (Di Martino; Zan, 2013,

p. 1311). Os autores referem também que "em muitos casos, os alunos parecem simplesmente associar o sucesso em Matemática com o desempenho escolar" (p. 1311), referindo sentirem medo do professor ou da própria disciplina de Matemática. Na verdade, esse estudo reitera resultados anteriores, alguns já com várias décadas.

Por exemplo, a ideia de que ter sucesso em Matemática é sinônimo de ser rápido a resolver as tarefas, bem como de não cometer erros, volta a surgir com alguma relevância nos resultados das pesquisas de Di Martino e Zan (2013). A necessidade de ser rápido a resolver as tarefas associa-se também à questão da pressão dos pares, o que faz aumentar a ansiedade e a sensação de incapacidade. Além disso, o receio de cometer erros acaba por estar relacionado com a necessidade de tempo para resolver as tarefas sem erros, tempo esse que, em situações de avaliação tradicional, escasseia. Estes aspectos – tempo limitado e medo de errar – acabam por levar os alunos a construir uma imagem distorcida do que é fazer Matemática, que exige tempo e onde o erro funciona como um trampolim para o conhecimento. "O medo da Matemática, provocado pelo medo de cometer erros, pode ter outra consequência negativa: ele pode fazer emergir medo do que é novo, de qualquer coisa que cause dificuldades, que seja mais do que os meros exercícios repetitivos" (DI MARTINO; ZAN, 2013, p.1314).

Neste sentido, consideramos que atividades matemáticas de natureza inclusiva, como as competições matemáticas SUB12 e SUB14, que assumem um caráter formativo, podem contribuir para alterar de forma favorável as concepções, atitudes e emoções dos jovens. De fato, o tempo que é dado aos participantes para resolver cada desafio e o *feedback* que lhes é fornecido e que lhes permite capitalizar o erro para chegar a uma resposta correta são aspectos centrais dessas competições, que procuram combater atitudes negativas, ajudar os jovens a acreditar nas suas capacidades para resolver os desafios e a desenvolver o gosto pela sua resolução, mesmo que experimentem dificuldades.

O desenvolvimento do trabalho de pesquisa

O projeto de investigação Problem@Web procurou obter dados provenientes de fontes diversas que permitissem aceder às vozes e aos pensamentos dos participantes, assim como das suas famílias. Enquanto que a recolha documental foi feita através da pesquisa das mensagens de correio eletrônico e dos anexos nelas contidos, as entrevistas envolveram o contato direto com os jovens e suas famílias em suas casas, na maioria dos casos. Desta forma, tivemos acesso ao ambiente natural onde os participantes resolvem os problemas, onde escutamos as suas ideias e emoções face a essas competições. Por fim, de forma a abarcar um conjunto mais alargado de jovens, foi aplicado um questionário *online* (*survey*) que foi encaminhado para as escolas por via eletrônica. Durante o mês de junho de 2012, o questionário esteve disponível para que os alunos pudessem responder; a resposta foi facultativa e anônima e, tanto no caso dos alunos participantes nos campeonatos como dos não participantes, podiam aceder ao questionário digital na escola ou em qualquer outro local.

Sendo vasta e diversa a quantidade de informação recolhida, neste livro iremos apenas debruçar-nos sobre os dados provenientes do questionário e de algumas entrevistas realizadas a participantes e seus familiares no que concerne às suas *concepções*, *atitudes* e *emoções* em relação à Matemática e à resolução de problemas.

O contexto desta investigação não facilita o acesso à observação direta, uma vez que envolve uma competição à distância *online*.

Por outro lado, a diversidade de informação que se pretendeu recolher e o número de estudantes envolvidos levou-nos a optar por um questionário. No entanto, como veremos a seguir, esse não foi o único instrumento de recolha de dados a que recorremos.

O questionário aplicado

O questionário era composto por duas partes, a primeira das quais destinada a todos os alunos das escolas do Algarve, participantes ou não nas competições. Nesta primeira parte, eram solicitados dados demográficos gerais: gênero, idade, escola/concelho, ano de escolaridade e a classificação obtida em Matemática no último trimestre. Em seguida, procurava-se conhecer a relação dos alunos com as tecnologias, tanto em casa como na escola, bem como a sua relação com a Matemática e com a resolução de problemas. A segunda parte era destinada apenas aos alunos que participaram em alguma edição dos campeonatos e incidia sobre a sua participação na competição. As questões relacionadas com os afetos procuraram conhecer a opinião dos alunos acerca dos desafios propostos, os procedimentos envolvidos na resolução de cada desafio, a importância desta participação nas suas vidas, os fatores mais agradáveis presentes nas competições, os sentimentos vividos durante a participação e, finalmente, como encaravam a ajuda dada pela organização nas respostas aos problemas. Muitas das questões desdobravam-se em subquestões de resposta fechada mediante a escolha de uma opção em escala de Likert.

As entrevistas realizadas

O longo processo de recolha de dados do Projeto Problem@ Web envolveu a realização de uma série de entrevistas a participantes, pais e professores, de forma a obter informação de diversas fontes e com diferentes perspectivas sobre os campeonatos. Deste modo, foram realizadas entrevistas semiestruturadas em que se procurou abordar diversos aspectos da participação nos campeonatos. Entre os entrevistados estão participantes do SUB12 e SUB14, do 5º ao 8º ano de escolaridade, e ex-participantes, de modo a compreender como é que estes jovens encaram o contributo dessa participação para o seu percurso escolar e para a aprendizagem da Matemática, em particular. As entrevistas constituem um excelente instrumento de recolha de dados quando se pretende aceder a determinado tipo de informação que não se consegue captar através do questionário. A combinação entre esses dois instrumentos permitiu alcançar um conjunto mais vasto de informações e, em simultâneo, mais profundo. Recorremos também, ainda que pontualmente, a excertos das mensagens recebidas ou enviadas, por correio eletrônico, durante as competições, e a um pequeno excerto de um vídeo gravado numa das Finais.

Quem são os participantes nos Campeonatos SUB12 e SUB14?

Embora os Campeonatos SUB12 e SUB 14 envolvam alunos das escolas do Algarve e Alentejo, limitamos esta parte da investigação aos jovens da região do Algarve por uma questão de conveniência. No Quadro 1 apresentamos o número de alunos que frequentavam as escolas do Algarve, no ano letivo de 2011/2012, nos quatro graus de ensino envolvidos nos campeonatos. Pode ainda ler-se o número máximo de participantes que cada uma das competições envolveu por ano de escolaridade.

Quadro 1 – Número de alunos do 5º, 6º, 7º e 8º anos nas escolas do Algarve no ano letivo de 2011/2012

5º ano	6º ano	7º ano	8º ano
4971	5108	5029	4208
Participantes no SUB12		**Participantes no SUB14**	
705	575	332	177
14%	11,2%	6,6%	4,2%
Respondentes ao questionário		**Respondentes ao questionário**	
171	93	57	29
24%	16%	17%	16%
20%		17%	

Como podemos observar, 14% dos alunos do 5º ano e 11,2% dos alunos do 6º ano das escolas do Algarve participaram no SUB12. Relativamente à participação no SUB14, registaram-se percentagens mais reduzidas, designadamente 6,6% no 7º ano e 4,2% no 8º ano. De fato, o número de alunos vai diminuindo à medida que se avança no grau de escolaridade.

A taxa de retorno do questionário rondou os 20% no SUB12 e os 17% no SUB14, o que se pode considerar uma taxa de retorno aceitável para um questionário *online*. Passamos a apresentar uma breve caracterização dos **350** participantes no SUB12 e no SUB14 que responderam ao questionário, de escolas da região do Algarve.

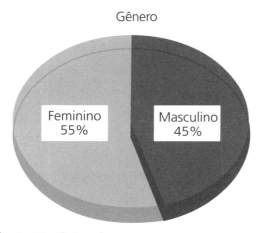

Gráfico 1 – Distribuição dos participantes por gênero

O número de participantes do gênero feminino (55%) é ligeiramente superior ao número de participantes do gênero masculino (45%). Existem, ainda, outros fatores que distinguem esses participantes, como, por exemplo, a idade. Como se pode ver no Graf. 2, os alunos com 11 anos constituem a faixa etária que regista uma adesão mais elevada, seguindo-se os alunos com 12 anos e 10 anos. Nas respostas ao questionário, o número de alunos com 13 e 14 anos tem uma expressão mais reduzida e, por fim, apenas três alunos com 15 anos responderam ao questionário. Esse último dado não é surpreendente na medida em que os campeonatos se destinam a alunos do 5º ao 8º ano, estando as idades normalmente compreendidas entre 10 e 14 anos.

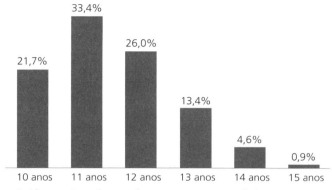

Gráfico 2 – Distribuição dos participantes por idade

O Graf. 3, referente ao nível de escolaridade, mostra-nos como a percentagem de participantes diminui à medida que o nível de ensino aumenta.

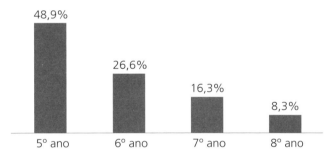

Gráfico 3 – Distribuição dos participantes por nível de ensino

Essa tendência registrou-se em todas as edições dos campeonatos. Embora não tenhamos informação que nos ajude a explicar essa situação, algumas conversas informais, nomeadamente com os familiares dos jovens participantes, permitiram constatar a existência de dificuldade em conjugar as diversas atividades extracurriculares com o aumento do número de disciplinas nos últimos anos do ensino básico (correspondente ao ensino fundamental). Essa ideia é reforçada pelas mensagens de participantes ou pais, pedindo desculpa pelo envio de uma resposta tardia devido ao fato de os alunos terem estado muito envolvidos no estudo para "os testes". Por outro lado, temos a percepção de que os professores que lecionam o 2º ciclo (5º e 6º anos do ensino fundamental) tinham maior sucesso a incentivar os seus alunos para a participação. O maior envolvimento dos participantes do 2º ciclo pode ter diversas explicações, nomeadamente a relação de maior proximidade entre esses alunos de 10/11 anos e os seus professores. Uma jovem participante do 5º ano explicou-nos:

> Este [problema] foi numa aula de Estudo Acompanhado que eu estive a fazer e a minha professora de Música é que me ajudou a fazer. Porque eu estava com dúvidas no problema porque não conseguia dar o resultado e a minha professora chegou àquilo muito rápido e eu fiquei assim... porque ela era uma professora de Música e não de Matemática e nem a minha professora de Matemática conseguiu lá chegar. (Aluna J.)

Mas não era apenas em Estudo Acompanhado que esta aluna resolvia os desafios do SUB12; o Clube de Matemática era outro espaço onde podia resolvê-los ou pedir ajuda:

> Em casa, faço em casa e depois levo para a escola, se tiver dúvida levo para a escola para a professora me ajudar, mas não é a professora de Matemática. É a professora do Clube de Matemática. (Aluna J.)

Uma outra razão para o decréscimo de participantes pode estar na pressão da avaliação externa (testes intermédios e exames nacionais à medida que aumentam os níveis de escolaridade).

Principais evidências dos afetos envolvidos nas competições matemáticas SUB12 E SUB14

Temos argumentado que as competições matemáticas SUB12 e SUB14 se enquadram numa perspectiva inclusiva. Os dados que apresentamos neste capítulo vêm corroborar que existe uma heterogeneidade de alunos a participar, tendo em conta o seu desempenho escolar em Matemática expresso pela sua classificação numa escala de 1 a 5 (sendo 1 o nível mais baixo e 5 o mais elevado).

A análise do Graf. 4 ilustra essa diversidade. Embora sendo reduzida a percentagem de participantes com nível 1 (2,3%, correspondendo a 8 alunos) e nível 2 (cerca de 6,6%), a percentagem de alunos com nível 3 (25,4%) tem uma expressão significativa, o que mostra que não são apenas os alunos com melhor desempenho escolar a participar nessas competições. A percentagem mais alta, 35,4%,

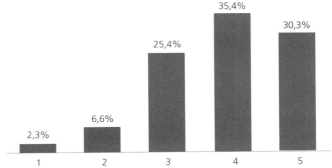

Gráfico 4 – Classificação dos participantes no 2º trimestre do ano letivo de 2011/2012

refere-se aos participantes com nível 4 e a percentagem de participantes com nível 5 é de 30,3%. Vejamos adiante o que os dados nos mostram acerca da relação dos participantes com a Matemática.

As concepções acerca da Matemática

Para abordar aspectos relacionados com as *concepções* acerca da Matemática, foi colocada uma questão, dividida em 10 itens, onde os respondentes podiam selecionar uma das 4 opções apresentadas (escala de Likert), como mostram os gráficos seguintes. Esses itens foram elaborados a partir de resultados da literatura da especialidade, embora tenhamos introduzido alguns outros, com base na nossa experiência de várias edições das competições.

O primeiro item do questionário incidiu sobre a dificuldade atribuída à Matemática pelos inquiridos. De acordo com os dados do Graf. 5, a percentagem de participantes que concorda ou concorda totalmente com a ideia de que a *Matemática é difícil* é de cerca de 27,4%, sendo perto de 72,5% a percentagem que discorda ou discorda totalmente dessa ideia. Portanto, em geral, os alunos que participaram nos campeonatos SUB12 e SUB14, em alguma das suas edições, não consideram a Matemática como sendo difícil.

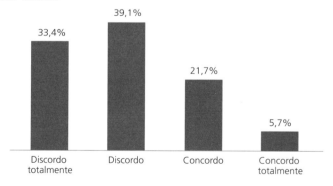

Gráfico 5 – Respostas ao item: *A matemática é difícil*

Procuramos ainda saber se os participantes encontram utilidade no estudo da Matemática. A grande maioria discorda da ideia de que *a*

Matemática é inútil, especificamente cerca de 95% dos jovens consideram que se trata de uma disciplina útil. Apenas 17 participantes, cerca de 5%, estão de acordo, parcial ou totalmente, com a ideia de que essa disciplina não tem utilidade, como se pode ver no Graf. 6.

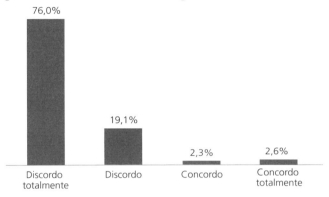

Gráfico 6 – Respostas ao item: *A matemática não serve para nada*

A maioria dos alunos, cerca de 95%, considera que *a Matemática é útil para o dia a dia* (Graf. 7), o que é consistente com as respostas dadas ao item anterior.

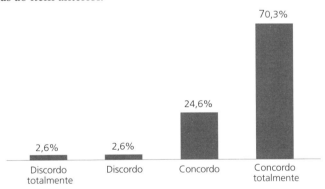

Gráfico 7 – Respostas ao item: *A matemática é útil no dia a dia*

Procuramos também, através de entrevistas, compreender melhor o significado que alguns participantes atribuem à utilidade da Matemática para o dia a dia. O extrato seguinte ilustra uma das percepções que nos foi transmitida a este respeito, focando-se na importância da Matemática e da resolução de problemas, de modo muito particular, na vida profissional:

> Toda a gente diz: "Para que é que vou precisar disto?". Vamos precisar disto para ganhar musculatura a nível cerebral que nós temos de ter no mercado de trabalho em qualquer área, seja Arquitetura, seja numa associação, em qualquer âmbito. Olhamos para uma coisa e "Vamos resolver!", vamos ligar pontos, arranjar maneiras e arranjar soluções. Às vezes, não estão certas, mas não faz mal. (Ex-participante, JC.)

Alguns itens do questionário procuraram conhecer melhor a ideia dos respondentes sobre a utilidade da Matemática no dia a dia. Por exemplo, como ilustrado no Graf. 8, quase 87,5% dos respondentes refletem a visão de que *a Matemática é uma forma de explicar o mundo*. Deste modo, os dados parecem apontar para uma visão da Matemática como algo que se encontra à nossa volta e que serve para explicar o que nos rodeia.

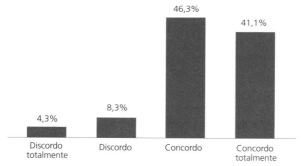

Gráfico 8 – Respostas ao item: *A matemática é uma forma de explicar o mundo*

Uma percentagem muito semelhante de respondentes (83,5%) indica de modo claro que *a Matemática serve para resolver problemas* (Graf. 9). Esta expressividade pode sugerir a importância da Matemática aprendida na escola para a resolução dos problemas colocados nas competições. Mais ainda, a experiência de resolução de problemas nas competições é reconhecida por alguns participantes como tendo desempenhado um papel significativo no desenvolvimento de capacidades importantes, como o espírito crítico e o hábito de reflexão. Nas palavras de um jovem ex-participante:

O fato de ter participado várias vezes e de ter resolvido tantos exercícios ensinou-me a ter um espírito crítico e a saber refletir sobre os problemas, sabendo que para chegar à solução existem vários caminhos e que se por um não conseguir, tenho outro por onde tentar. (Ex-participante, GG.)

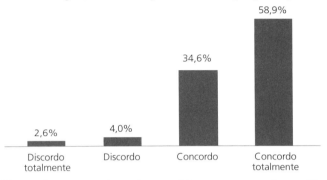

Gráfico 9 – Respostas ao item: *A matemática serve para resolver problemas*

Há também quem considere que a Matemática não serve para resolver problemas, embora a percentagem de jovens que exprime essa opinião seja muito reduzida (6,6%).

A questão da utilidade da Matemática foi abordada também no item em que se declara que *a Matemática serve para ser usada noutras disciplinas* (Graf. 10). Novamente, a grande maioria concorda (48,3%) ou concorda totalmente (42,9%) com essa ideia.

No entanto, há também respondentes (8,9%) que parecem encarar a Matemática como uma disciplina isolada e sem conexões com outras ciências.

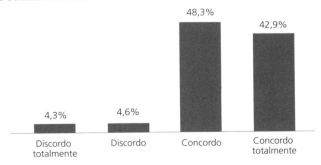

Gráfico 10 – Respostas ao item: *A matemática serve para usar noutras disciplinas*

Colocamos igualmente aos alunos uma questão relacionada com uma visão da *Matemática como um conjunto de fórmulas e equações*. O Graf. 11 ilustra as respostas obtidas, em que cerca de 65% dos participantes concordam ou concordam totalmente com essa visão.

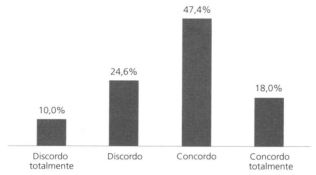

Gráfico 11 – Respostas ao item: *A matemática é um conjunto de fórmulas e equações*

Este resultado relativamente à visão dos participantes acerca da Matemática é, de certa forma, surpreendente, dada a experiência vivida por esses jovens nessas competições, que não reduzem a Matemática à aplicação de fórmulas e algoritmos. No entanto, reconhecemos nesses dados uma consonância com vários resultados de investigações anteriormente realizadas (SCHOENFELD, 1985; ABRANTES, 1994, entre outros). O caráter duradouro das concepções parece ter um duplo sentido: duradouro nos sujeitos e no tempo, na medida em que se mantêm ao longo de décadas, passando de pais para filhos. Retomando as ideias de Di Martino e Zan (2013), seria interessante procurar perceber como é que essa visão se transporta na relação entre pais e filhos.

É interessante notar que esses resultados são contemporâneos de um conjunto de políticas significativas implementadas em Portugal. Entre 2006 e 2012, foi realizado um grande investimento no ensino da Matemática, que envolveu diversas medidas, das quais se destacam o Plano da Matemática (I e II), o Programa de Formação Contínua em Matemática para professores dos 1º e 2º ciclos do Ensino Básico e o Programa de Matemática do Ensino Básico (ME, 2007), com um claro foco na resolução de problemas. Acreditamos que, em muitas salas de aula, a resolução de problemas tenha assumido um papel central (SANTOS *et al.*, 2009;

SANTOS *et al.*, 2012, SERRAZINA, 2012). Essa elevada percentagem de alunos que releva uma visão da Matemática como um conjunto de fórmulas e regras mostra que uma mudança de concepções requer um trabalho longo e continuado. Sabemos pela pesquisa existente que esse tipo de visão da Matemática tem a ver com a forma como esta disciplina é trabalhada em sala de aula. Ou seja, a atividade matemática, em sala de aula, parece continuar a basear-se fortemente na aplicação de fórmulas e regras apresentadas pelo professor na resolução de exercícios ou problemas de aplicação. Por outro lado, a literatura relata que os alunos tendem a alinhar com as práticas da sala de aula, isto é, mostram ser capazes de se moldar facilmente à forma como os professores conduzem as suas aulas e ao que deles exigem.

Os resultados do questionário expressos no Graf. 11 levaram-nos a questionar alguns participantes através de entrevistas. Obtivemos respostas que ajudam a clarificar a visão que muitos partilham acerca dessa disciplina. Um antigo participante referiu, a propósito da resolução de problemas em sala de aula:

> Os problemas das aulas baseavam-se numa metodologia de trabalho sempre semelhante, com regras e fórmulas próprias. (Ex-participante, GG.)

Outro antigo participante corroborou essa ideia e elaborou um pouco mais, criticando explicitamente a inutilidade de decorar a matéria, mas a necessidade de o fazer para obter uma boa classificação nas provas de avaliação:

> Acho que um dos problemas da Matemática, para os alunos, é a maneira como a Matemática é dada. Porque ela é dada de maneira errada. Querem que nós decoremos teoremas e maneiras de resolver e porque é que as curvas dos gráficos fazem isto e aquilo. E, sinceramente, isso não me interessa porque daqui a um mês já me vou esquecer. [...] Este professor [...] quer que nós aprendamos as técnicas e então deu-nos um teste tipo, fiz os problemas que ele nos tinha dado, para trás e para a frente, quatro vezes, para aprender melhor. No exame, ele fez igual ao teste tipo só que com alguns valores alterados. Então, qual era a melhor maneira para ter boa nota naquilo? Decorar e fazer. (Ex-participante, JC.)

Outro participante foi mais longe, explicando a diferença que encontra entre a resolução de problemas em sala de aula e nos campeonatos, deixando transparecer que estas duas Matemáticas não são iguais: "Estes problemas requerem mais pensamento do que a Matemática da sala de aula. Para a Matemática da aula basta saber a matéria e praticá-la, estes [os problemas dos campeonatos] [...] tem que se puxar mais pela cabeça" (Participante, RV.).

Os vários depoimentos desses participantes ilustram bem como a visão da Matemática está largamente baseada nas experiências da Matemática escolar e nas práticas pouco desafiantes que os alunos vivenciam na sala de aula. No entanto, esta visão da Matemática como uma disciplina de fórmulas e equações não impede os participantes de considerarem a Matemática divertida, como mostram os resultados do questionário presentes no Graf. 12.

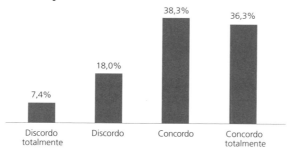

Gráfico 12 – Respostas ao item *A matemática é divertida*

As evidências de que os participantes consideram divertido resolver problemas surgem frequentemente nas inúmeras mensagens de correio eletrônico recebidas pela organização dos campeonatos. Por exemplo, um jovem participante, em sucessivas edições, exteriorizou de forma natural os seus estados de espírito nas mensagens de correio eletrônico que trocou com a Organização. Numa delas, explicou onde e com quem resolvia os problemas e como se divertiam ao fazê-lo (Fig. 4):

```
To: sub14_7@hotmail.com
E a resposta ao problema 6???
Camisola: 116A
Fasso em casa com o meu grupo de colegas, o joão, o milton e eu .....claro que
é divertido se não, nem sequer faziamos.
```

Figura 4 – Mensagem de um participante

O *ser divertido* parece ser um motivo central para a participação desses jovens nessa competição.

Em suma, a Matemática e a resolução de problemas são agradáveis aos olhos desses jovens, que deixam, aliás, algumas críticas em relação à Matemática escolar por se basear na aplicação de regras e fórmulas e em práticas muitas vezes repetitivas.

As atitudes em relação à Matemática

Uma das atitudes dos alunos que encontramos mais frequentemente e de forma generalizada, em relação à Matemática, prende-se com a falta de gosto por esta disciplina. Neste projeto, foi igualmente nosso objetivo conhecer as *atitudes* dos participantes em relação à Matemática.

Nem todos os participantes nos campeonatos afirmam *gostar de Matemática*. Como se pode observar no Graf. 13, 21,4% dos participantes não gostam ou gostam pouco de Matemática.

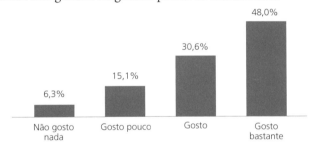

Gráfico 13 – Respostas à questão: *Gostas de Matemática?*

No entanto, essa atitude não os impediu de participar nas competições. Em contrapartida, é bastante elevada a percentagem de participantes que gosta muito de Matemática (48%) e há ainda uma parcela considerável de jovens que dizem apenas gostar de Matemática (30,6%).

O *gosto pela resolução de problemas* não se afasta muito do gosto pela Matemática dos participantes (Graf. 14). Os resultados são muito idênticos no que se refere a gostar e gostar muito da resolução de problemas de Matemática: cerca de 37,7% gostam de resolver problemas de Matemática e 39,4% gostam muito de resolver problemas de Matemática. Através de entrevistas, procuramos compreender melhor o gosto dos jovens participantes pela resolução de problemas.

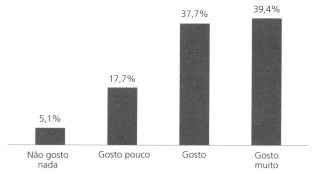

Gráfico 14 – Respostas à questão: *Gostas de resolver problemas matemáticos?*

Nessas entrevistas com alguns participantes e ex-participantes nas competições, o gosto pela resolução de problemas ficou bem explícito. Embora alguns fossem parcos nas suas palavras, dizendo apenas: "Eu gosto de resolver problemas!" (Participante, J.), outros foram capazes de elaborar um pouco mais sobre o que sentem: "[...] depois dos SUBs ainda participei durante dois anos nas Olimpíadas da Matemática, mas sempre a nível regional. Hoje, já não resolvo esse tipo de problemas com tanta frequência, mas continuo a gostar de o fazer, de vez em quando" (Ex-participante, GG.).

Como referimos, os problemas apresentados nessas competições destinam-se a uma diversidade de estudantes, com diferentes conhecimentos, capacidades e desempenhos escolares. Também salientamos que cada indivíduo encara o desafio de forma diferente: o que para um jovem pode ser um desafio fácil e/ou interessante, para outro pode ser muito difícil e/ou desinteressante. Por isso, e tendo presente que os desafios propostos nas competições não estão presos ao currículo e que envolvem diferentes temas matemáticos, estes podem ser encarados pelos participantes como fáceis, de dificuldade média ou difíceis. O Graf. 15 mostra que 49,1% dos participantes gosta de desafios moderados, que 26,6% prefere os difíceis e 24,3% os fáceis.

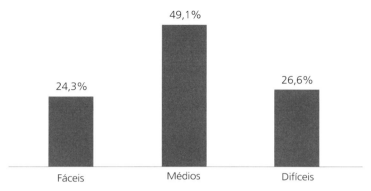

Gráfico 15 – Respostas à questão: *Que tipo de problemas gostas mais de resolver?*

De fato, esses dados ajudam a perceber que esses participantes preferem desafios moderados, indo ao encontro do que a literatura evidencia (TURNER; MEYER, 2004).

A mensagem de e-mail reproduzida na Fig. 5 mostra que nem todos os desafios foram sentidos como fáceis pelos participantes, tendo originado, por vezes, algumas "dores de cabeça", como um dos jovens participantes relata.

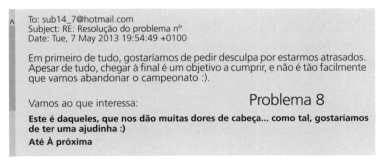

Figura 5 – Mensagem de um grupo de participantes

Outros há que disseram: "Ah, este é fácil, vou conseguir..." (Participante, J.). Aliás, nas entrevistas que realizamos, houve quem realçasse o fato de a dificuldade dos desafios propostos nas competições ter evoluído de certa forma: "No último ano achei que aquilo estava muito fácil. Não é que estivesse fácil, mas as dificuldades que tive antes desapareceram. [...]. No final achei isso, era muito mais fácil. [...]. Sim, porque lá está, o raciocínio treina-se" (Ex-participante, JC.). A questão da dificuldade dos problemas nem sempre residia na Matemática, mas sim na compreensão dos enunciados, como destaca um ex-participante:

> Há ainda um outro aspecto que gostaria de destacar e que me parece deveras importante, é o fato de que, por vezes, a dificuldade está em entender o que nos é pedido e não na dita resolução do problema. O Português é muito importante, e perder dois ou três minutos a reler o exercício pode significar ganhar outros tantos na resolução do mesmo. (Ex-participante, GG.)

Contudo, alguns participantes confessaram apreciar problemas mais difíceis:

> Eu gostava de resolver os problemas, mas não me lembro de nenhum em particular. Gostava, especialmente, de alguns mais difíceis. A minha mãe não percebia como é que eu chegava à resposta e achava que eu estava errado. Costumava fazer pequenas apostas com ela – cinco euros ou dez euros. Não me lembro de alguma vez que tenha perdido. (Participante, RV.)

Das palavras desse jovem, podemos inferir que a dificuldade de um problema não determina o gosto pela sua resolução. Esse mesmo participante destacou uma característica que o fazia gostar mais ou menos de um problema: o tempo necessário para o resolver. Quanto mais tempo demorava a resolver um problema, menos gostava dele: "Eu não gostava daqueles em que demorava muito tempo a chegar à resposta. Lembro-me de um que até a minha professora de Matemática teve dificuldades em resolvê-lo. Só cheguei à resposta com ajuda" (Participante, RV.).

A explicação da resolução dos problemas é uma das marcas presentes nos campeonatos, sendo um requisito essencial para uma resposta ser considerada completa. A Fig. 6 mostra, a título de exemplo, um enunciado de um problema do SUB14, onde se pode ler a recomendação com que termina o enunciado de todos os desafios propostos, tanto na fase de apuramento como na Final:

Não te esqueças de explicar o teu processo de resolução.

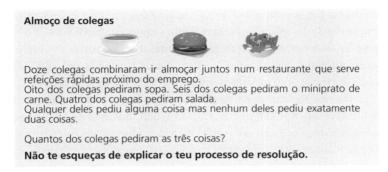

Figura 6 – Problema 7 da edição de 2011/2012 do SUB14

Sempre que uma resolução não era acompanhada da respetiva explicação, os participantes recebiam de volta uma mensagem idêntica à que se apresenta na Fig. 7:

```
Subject: FW: Resposta_SUB12
Date: Fri, 24 May 2013 16:43:53 +0100

Olá,
A tua resposta ao problema 8 está correta mas incompleta pois tens de explicar as razões da tua escolha.
O Sub12
```

Figura 7 – Mensagem da organização à resposta enviada por um participante

No Graf. 16, destacamos uma atitude que consideramos muito importante e que é amplamente reconhecida pelos participantes, pais e professores como uma das mais-valias dos campeonatos para a

Gráfico 16 – Respostas à questão: *Achas que é importante explicares como se resolve um problema?*

melhoria do desempenho dos alunos na Matemática escolar: dar importância à explicação do raciocínio seguido na resolução de um problema. A percentagem de participantes que não considerou relevante apresentar a explicação da sua resolução rondou apenas os 8,8%, o que mostra como os alunos interiorizaram essa recomendação.

Vários testemunhos de participantes referem-se à indispensabilidade de explicar, por escrito, a alguém que não está presente a forma como se pensou e resolveu cada problema. Apresentamos, por isso, diversos testemunhos que ajudam a perceber como essa foi uma das maiores dificuldades sentidas, mas ao mesmo tempo um dos aspectos mais valorizados por participantes, pais e professores.

Para M., o grande esforço foi precisamente o de explicar: "Realmente o meu único esforço era o de conseguir resolver e explicar bem" (Participante, M.). Essa participante destaca também a importância da aprendizagem que decorreu em virtude da necessidade de explicar os seus raciocínios:

> Os SUBs foram um treino, eu tinha que calcular, tinha que pensar e tinha que explicar bem. Principalmente nas Finais, tínhamos que aprender a explicar... tínhamos que explicar o nosso raciocínio. Isso é importante, porque temos de fazer isso nas aulas de Matemática. Estou a ver todos fazerem isso nos exames, [...] acho que foi bastante importante. [...]. Eu sabia que era importante e tentava ao máximo explicar o melhor possível, às vezes ainda dava voltas, mas tentava explicar ao máximo... (Participante, M.)

Para um antigo participante e vencedor de uma Final, essa aprendizagem foi um processo longo e difícil:

> No início, o que fazia era descrever, descrevia todos os passos. Era uma coisa chata estar ali a descrever. Mas era um dos maiores desafios. "Como é que eu explico? Como é que eu cheguei lá?". Foi importante porque chegaram alturas de eu estar a pensar, e pensar "esta maneira é difícil de eu explicar", tenho que arranjar outra maneira. Então tentava ir por um caminho e voltava atrás porque o outro era difícil de descrever. E eu a mandar textos gigantes... E eu a pensar no que fiz. Foi complicado, foi uma luta um pouco difícil.

Fez-me rever e voltar a pensar outra vez... Eu mandava as resoluções no último dia, no limite, em cima da hora porque revia e voltava a pensar e também porque fazia e ficava uma semana a pensar como ia mandar. Fazia num dia e depois fazia noutro... (Ex-participante, JC.)

As emoções manifestadas

Um dos nossos objetivos com a aplicação do questionário foi ainda conhecer as emoções dos participantes ao longo do campeonato. A fase de apuramento, que decorre ao longo de seis meses, embora se desenvolva à distância através de mensagens de correio eletrônico, desperta inúmeras emoções.

A simples mensagem enviada pela organização a todos os participantes fornecendo *feedback* acerca da resolução de cada problema era, frequentemente, geradora de uma emoção. Para alguns participantes, a chegada da resposta da organização à sua resolução era um acontecimento aguardado com bastante entusiasmo, como se pode ver pela mensagem seguinte (Fig. 8):

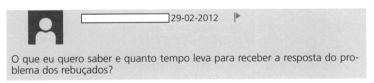

Figura 8 – Mensagem de um participante

Esse participante, à semelhança de outros, mostrava regularmente um grande desejo em receber a resposta à sua resolução do problema. O momento de receber uma resposta e de saber se estava correta e completa parecia constituir um momento de grande satisfação. Por vezes, esse desejo de receber uma resposta da Organização gerava uma certa ansiedade que o jovem participante não escondia, enviando sucessivamente mensagens até obter retorno, como mostramos em seguida. Na Fig. 9, apresentamos a resposta enviada por esse participante no dia 4 de abril de 2012, às 21h12, bem como a mensagem que passados poucos minutos enviou, de novo, à organização dos campeonatos:

Date: Wed, 4 Apr 2012 21:12:14 +0000
Subject: Resposta_SUB14
To: sub14_7@hotmail.com
From: xxxxxxx@avjxxxxx.com

Dados:
12
8 sopa
6 miniprato de carne
4 salada

Resposta: Houve 3 colegas

Date: Wed, 4 Apr 2012 21:23:43 +0100
Subject: Prob. 7
From: xxxxxx@avxxxx.com
To: sub14_7@hotmail.com

Quando me dão a resposta do sub14, ao 7???

Camisola: XXXA

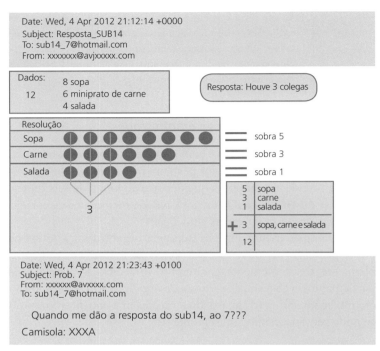

Figura 9 – E-mail com envio da resolução ao problema 7 e mensagem enviada minutos depois

A resposta da organização a este participante foi enviada no dia seguinte, 5 de abril, pelas 19h48, embora dirigida a todos os elementos do seu grupo.

From: sub14_7@hotmail.com
To: xxxxxx@avxxxxxxx.com
Subject: RE: Resposta_SUB14
Date: Thu, 5 Apr 2012 19:48:29 +0100

Olá

A vossa resposta ao **problema 7** está **CERTA! Mais um problema CERTO e ficam apurados para a Final!**

A vossa participação é EXCELENTE. Gostamos muito da apresentação da vossa resolução!

Contamos com a vossa participação no Campeonato
O SUB14

Figura 10 – Resposta da organização do SUB14

Contudo, o jovem parece não ter recebido a mensagem da Organização e enviou um novo e-mail a solicitar *feedback*, como se mostra na imagem seguinte.

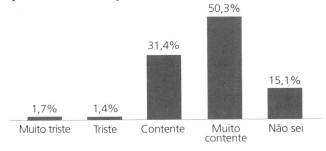

Figura 11 – Nova mensagem de um participante a solicitar resposta

Um dos aspectos que nos pareceu interessante analisar foi o sentimento dos participantes quando a sua resposta a um problema era dada como correta logo na primeira submissão. O Graf. 17 ilustra as respostas obtidas no questionário:

Gráfico 17 – Respostas ao item: *O que sentes quando resolves corretamente um problema logo à primeira?*

Como facilmente se vê, a grande maioria dos participantes mostra-se feliz ou muito feliz por ter a resposta aceita à primeira. Neste caso,

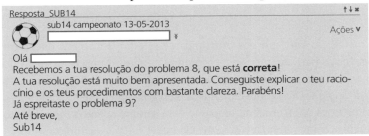

Figura 12 – Mensagem de *feedback* da organização a um participante que enviou uma resposta correta e completa

a organização felicita os participantes e incentiva-os a continuar na competição, como se mostra na Fig. 12.

O entusiasmo que os participantes sentem na sua participação é alimentado pelas diversas mensagens que recebem, em especial quando as respostas da organização reforçam e valorizam o seu trabalho. Na mensagem seguinte (Fig. 13), fica patente a expectativa de um grupo de alunos em ir representar a sua escola na Final das competições:

```
Date: Tue, 24 May 2011 23:25:23 +0000
Subject: Resposta_SUB12
To: sub12_5@hotmail.com

Resposta:
Resposta:
A nossa resposta vai em anexo. Esperamos ter acertado! Gostaríamos mesmo muito de
ir representar a nossa escola no dia 5 de Junho! :)
```

Figura 13 – Mensagem de um grupo de participantes sobre representar a escola na Final

Um participante, ao ser entrevistado, deixou a sua opinião acerca das respostas dadas pela organização e das emoções vividas quando acertava um problema, ou mesmo quando a solução não estava completamente correta:

> Quando está correto, sinto que fiz um bom trabalho, fico contente. Se estiver errado fico a pensar: o que é que está errado? Depois vejo a resposta que me mandaram, [...] mandam sempre uma resposta e tento ver o que é que falta [...]. Quando resolvia um problema de uma forma melhor, recebia uma mensagem diferente que me fazia ficar com um sorriso. Se errava, as mensagens incentivavam-me a continuar. Motivavam-me bastante. (Participante, RV.)

É, de fato, um dos princípios dessa competição dar oportunidade aos participantes de melhorarem as suas respostas ao longo do período admissível de quinze dias para responder a cada problema. Os participantes têm conhecimento dessa regra e apreciam o fato de terem uma nova oportunidade, algo que nem sempre acontece no contexto escolar, como referiu um dos participantes: "[...] por exemplo, na escola, se nós erramos, erramos para sempre, e eles, aqui, se nós erramos, eles mandam para trás para nós fazermos melhor" (Participante, J.).

Também a mãe de uma participante elogiou esse princípio que regula essas competições:

> Uma das situações que me sensibilizou muito para o verdadeiro significado daquilo em que ela estava a participar, foi uma vez em que a M., muito triste, chegou ao pé de mim e disse: "Mamã, eu errei no problema", e eu achei: "Pronto, acabou... deixa lá!". Tínhamos visto as regras, havia hipótese de falhar duas vezes ou qualquer coisa. "Pronto, deixa lá." [...] "Não, não [...], mas dão-me ainda oportunidade porque está dentro do prazo". Então quando fui ver a mensagem até fiquei comovida com o carinho com que a mobilizavam a continuar e lhe davam pistas, sem dar a solução, o que me pareceu muito inteligente pela forma como estava feito, davam-lhe pistas, motivavam-na a não desistir e ela não desistiu e acertou. Esse [problema] ficou verde [considerado correto], não é? (Mãe de M.)

Nesses casos, há o cuidado de apelar aos participantes para uma nova leitura do problema ou para ter atenção a algum aspecto particular que pode ser relevante para chegar a uma solução. A mensagem seguinte (Fig. 14) foi enviada a um participante cuja resposta inicial não foi aceita, mas a quem foi dada nova oportunidade de enviar uma resposta, a par de algumas pistas para ajudar a ultrapassar as dificuldades.

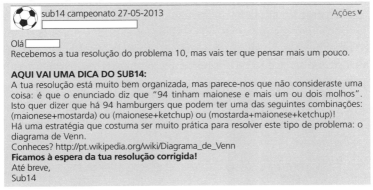

Figura 14 – Mensagem de *feedback* da organização a um participante que enviou uma resposta incorreta

O Graf. 18 mostra que uma elevada percentagem de participantes, cerca de 61%, se sente feliz ou muito feliz por ter oportunidade de submeter novamente a sua resposta. Essa característica dos campeonatos tem a ver com a ideia de que a fase de apuramento constitui um período de aprendizagem e, como tal, os participantes devem ter sempre a oportunidade de refazer ou melhorar as suas resoluções. No entanto, cerca de 17% dos alunos revela emoções negativas acerca da possibilidade de reenviar uma resposta que não foi considerada correta, talvez por sentirem que falharam ou eventualmente por não terem vontade de trabalhar sobre o mesmo problema novamente. Há também uma percentagem assinalável de participantes que não manifestou opinião acerca de como se sente face a esta característica particular da competição.

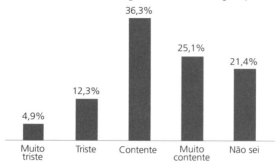

Gráfico 18 – Respostas ao item: *Como te sentes por poder enviar novamente uma resposta que não estava correta?*

Apesar do cuidado na forma como a organização comunica aos participantes que uma dada resposta não pode ser aceita como certa, é inevitável o surgimento de emoções de tristeza. O Graf. 19 mostra que cerca de 63% dos participantes fica triste ou muito triste quando recebe a informação de que a sua resposta não está correta.

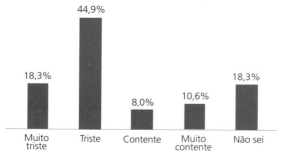

Gráfico 19 – Respostas ao item: *Como te sentes quando és informado que a tua resposta não está correta?*

Isso pode estar relacionado com uma diminuição do sentido de autoeficácia ou com uma sensação de frustração, que tende a ser mais intensa nos participantes mais competitivos.

A tristeza é, afinal, uma emoção que está presente nos campeonatos, tal como acontece noutros contextos da vida dos jovens. Essa emoção foi igualmente expressa em algumas das mensagens espontâneas enviadas pelos participantes. A mensagem que apresentamos nas páginas iniciais deste livro (Fig. 2) é um exemplo da tristeza comunicada por um grupo de participantes que não chegou à resposta correta.

Essas competições são tipicamente atravessadas por emoções, desde o primeiro momento da fase de apuramento até a Final. Com efeito, alguns participantes foram demonstrando a sua determinação em chegar à Final nas mensagens que enviaram ao longo da fase de apuramento, com as respostas aos problemas (Fig. 15):

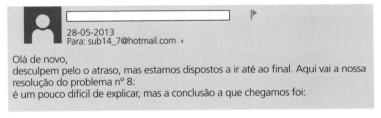

Figura 15 – Mensagem de um grupo de participantes

O ser apurado para a Final e estar presente nesse dia significa para os participantes a oportunidade de viver emoções muito especiais. Alguns confessaram a alegria que sentiram ao participar na Final e os momentos que lhes pareceram mais marcantes: "Adorava o lanche. Sentia-me emocionado e feliz" (Participante, RV.).

O desejo de ser apurado para a Final não surge apenas nas respostas dos alunos ao questionário. São inúmeras as mensagens recebidas pela organização na reta final da fase de apuramento. Alguns participantes mais desinibidos vão questionando a Organização com perguntas em torno da Final, como se pode ver pelas mensagens trocadas com uma equipe de alunos a participar no SUB14, apresentadas na Fig. 16.

> Date: Mon, 9 Apr 2012 08:01:28 +0100
> Subject: Re: FW: Resposta_SUB14
> From: xxxx@avjxxxxxx.com
> To: sub14_7@hotmail.com
>
> Estamos muito contentes, ja nos estamos a preparar ☺, vai ser uma ronda complicada, é em que dia?

> From: sub_14@hotmail.com
> To: xxxxx@avxxxxxx.com
> Subject: RE: Resposta_SUB14
> Date: Tue, 10 Apr 2012 00:04:52 +0100
>
> Olá [ ] e companhia
>
> Então tu não sabes em que dia é a FINAL? Não acreditamos que uns participantes como vocês não tenham visto que a final é no dia 9 de Junho de 2012, na Universidade do Algarve!
>
> Vai ser uma GRANDE FESTA! E vocês estão quase a ser apurados!
> Contamos com a vossa participação no Campeonato.
> O SUB14

> Date: Wed, 11 Apr 2012 11:38:25 +0100
> Subject: Re: Resposta_SUB14
> From: xxxx@avxxxxxx.com
> To: sub14_7@hotmail.com
>
> Vao muitos?

Figura 16 – Troca de e-mails entre um grupo de participantes e a organização do SUB14

Como se pode ver no gráfico da Graf. 20, ser apurado para a Final do SUB12 ou do SUB14 é motivo de grande alegria para uma elevada percentagem de participantes. Cerca de 68% dos participantes sente-se feliz ou muito feliz por ser apurado para a Final, cerca de

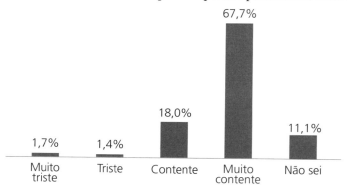

Gráfico 20 – Resposta ao item: *O que sentes ou sentirias em ser apurado para a Final?*

11% não exprime qualquer emoção e apenas 3% dos participantes refere sentir-se triste ao ser apurado.

Quer os resultados traduzidos neste gráfico, quer os que surgem no Graf. 21 (16% dos participantes referem sentir-se bem por serem eliminados) mostram que há sentimentos adversos à situação de ficar apurado, e há contentamento (porventura um sentimento de alívio) com a eliminação. Esses resultados levantam algumas questões, nomeadamente a de saber: o que pode levar jovens que estão durante seis meses a participar num campeonato a não ter vontade de estar na Final? Não conhecemos com segurança as razões que podem justificar essa situação. Contudo, em todas as edições identificamos participantes com um bom desempenho na fase de apuramento, que não compareceram na Final.

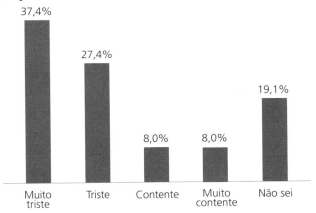

Gráfico 21 – Respostas ao item: *Como te sentes ou sentirias em ser eliminado da competição?*

Podemos arriscar algumas explicações para este fenómeno. Por exemplo, os participantes podem sentir que, ao serem eliminados da competição, se libertam de um compromisso que os *prendia* de alguma forma, sentindo assim uma emoção positiva associada à eliminação. Por outro lado, os participantes podem sentir-se aliviados (daí as emoções positivas associadas à eliminação) por não chegarem à Final, evitando assim a sua exposição pública e o risco de não satisfazerem expectativas que recaem sobre eles (as suas ou as de terceiros, incluindo pais e/ou professores).

Uma das práticas habituais dessas competições consiste em publicar na página web dos campeonatos as resoluções mais interessantes e que mais se destacam em cada quinzena. Para muitos participantes este é, talvez, o melhor prêmio que podem receber pela sua participação. O reconhecimento público do seu trabalho perante todos os colegas, professores e pais é algo que os deixa verdadeiramente felizes. Cerca de 75% dos participantes responderam que se sentem felizes ou muito felizes em ver a sua resolução publicada na página web do campeonato (Graf. 22).

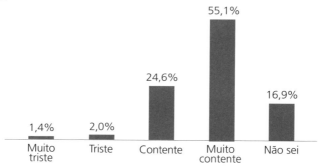

Gráfico 22 – Respostas ao item: *O que sentes quando vês uma resposta tua publicada na página web dos campeonatos?*

Também nas entrevistas é visível a importância e a felicidade que os participantes sentem ao verem a sua resolução publicada. Os pais destacam a felicidade dos filhos quando tal acontece – "[...] Os miúdos acham excelente aparecer lá o nome deles e ficam felicíssimos quando aparece lá o nome" (Mãe de um participante) – ou realçam a importância do reconhecimento público – "Eles gostam de ver as resoluções todas. Gostam de ver os resultados do trabalho deles ali" (Mãe de um participante). Os próprios jovens comentam o que acham ser condições favoráveis para que uma resolução apareça publicada na página web:

> O que eu tenho visto é que praticamente todos os problemas que vão para as resoluções [publicadas na webpage] são aqueles que têm mais forma de explicação, que têm um quadro ou tabelas ou desenhos, e eu não vou porque tenho tudo muito simples. (Participante, J.)

Principais evidências dos afetos envolvidos nas competições matemáticas SUB12 e SUB14

De fato, essa fala mostra que a explicação do raciocínio é vista como um fator de destaque no campeonato, designadamente mediante o reconhecimento público que é atribuído a uma resolução mais interessante. Alguns participantes, após terem a sua resposta publicada, parecem investir ainda mais nas suas produções seguintes. A emoção sentida por uma resposta selecionada é motivo de orgulho para colegas, amigos, professores, para além dos familiares, promovendo o reconhecimento do participante na comunidade escolar em que está inserido. Em certos casos, a própria escola valoriza a participação do aluno, publicitando os seus sucessos no decurso do campeonato.

O envolvimento parental

Em Portugal, existem poucos estudos relacionados com o envolvimento dos pais na educação matemática dos filhos. O projeto internacional FAMA (CÉSAR, 2012), que envolveu uma escola nos arredores de Lisboa, aborda a questão da participação das famílias na atividade matemática dos filhos. A investigação realizada nesse projeto sugere que o reduzido envolvimento das famílias se deve aos fracos conhecimentos matemáticos que os pais consideram ter e, por outro lado, à falta de tempo para o fazer. Revela ainda alguma dificuldade na relação entre a escola e a família quanto a essa questão.

Embora, em Portugal, a relação entre a família e a aprendizagem da Matemática seja um tema pouco abordado ou ao qual ainda não foi atribuída a relevância que merece, a verdade é que outros países reconhecem a importância desta temática. Como referem McMullen e de Abreu (2011), países como o Reino Unido, os Estados Unidos da América ou o Canadá valorizam o envolvimento parental na aprendizagem da Matemática. De acordo com esses investigadores, de um modo geral, os relatórios existentes no Reino Unido consideram o envolvimento parental como benéfico para a educação das crianças e, simultaneamente, desejável pelos pais. Contudo, não deixam de reconhecer que nem sempre esse envolvimento parental assume o impacto pretendido. A investigação inglesa mostra que os pais, embora considerem importante ajudar os filhos na aprendizagem da Matemática,

73

sentem cada vez mais dificuldade em fazê-lo. Por vezes, essas situações estão relacionadas com a experiência dos próprios pais enquanto alunos e com as mudanças que, entretanto, ocorreram na aprendizagem da Matemática (MCMULLEN; DE ABREU, 2011).

Outros estudos e projetos, como os relatados por Borba, Scucuglia e Gadanidis (2014), sublinham a necessidade de aproximar a Matemática dos pais, dos artistas, dos jovens e de toda a comunidade através da promoção de uma nova imagem da Matemática, tirando partido dos recursos digitais e da internet e potenciando o coletivo professores-estudantes-com-artes-e-tecnologias-digitais.

No âmbito do Projeto Problem@Web, a questão da participação e envolvimento dos pais na aprendizagem da Matemática foi abordada naturalmente nas entrevistas que realizamos com os pais. A mãe de uma participante explicou-nos:

> Eu sou do tempo em que a Matemática era suposto ser uma coisa diferente, não é? E agora acho que a Matemática... É divertido aprender Matemática hoje, é giro, tem sempre uma aplicação muito concreta e é sempre uma forma prática de interpretar, de aprender, de explicar. (Mãe de participante)

Por seu turno, a mãe de dois jovens participantes confessou ter dúvidas quando tentava acompanhar os filhos na resolução dos desafios:

> Às vezes tenho dúvidas na interpretação, acho que tanto pode ser de uma maneira como de outra. Mas sou mais eu que tenho dúvidas do que eles. Quando vou ler aquilo, eu penso que pode ser de uma maneira ou outra. E eles não têm essas dúvidas, eu é que fico com as dúvidas, mas não digo. Espero para ver como é que eles interpretam aquilo. Eles, normalmente, fazem a interpretação bem. (Mãe de participantes)

As dúvidas de interpretação também foram colocadas pelos próprios participantes, como já apontamos atrás, na fala de um aluno, para quem a dificuldade na resolução de um problema está em compreender o enunciado e não, propriamente, em resolvê-lo.

Mas não são apenas as dificuldades que constituem motivos para o envolvimento parental. Como nos relata uma jovem participante, há casos em que os elementos da família gostam de se embrenhar na procura da resposta ao desafio:

> Porque lá em casa eu estive a fazer e a minha mãe dizia que não se podia contar com as toalhas lavadas e o meu pai dizia que se tinha de contar com as toalhas lavadas [...] E depois eu levei para o meu avô e o meu avô disse um resultado que dava muito diferente dos nossos. Eu achava que era 80, levei para a escola e a professora [do Clube de Matemática] disse que era 80. (Participante, J.)

A forma como os desafios são apresentados nessas competições parece oferecer um estímulo importante ao envolvimento parental, por se distanciar da *frieza* com que a Matemática era apresentada no seu tempo de estudantes e da tentativa "de redução da educação, em geral, e consequentemente da educação Matemática, aos testes" (BORBA; SCUCUGLIA; GADANIDIS, 2014, p. 131). O fato de os desafios surgirem enquadrados numa história, numa situação concreta que se procura que seja acessível a todos e não apenas aos alunos superdotados, promove também o envolvimento parental, tal como nos refere uma mãe:

> Como nós aprendemos Matemática, na altura, era muito abstrata, não é? E vocês tentam pôr em coisas concretas, dos jardins e das plantas e dos campos e dos bombons... Tornam a Matemática acessível não só para as crianças mas também para as famílias, porque é uma coisa... Não sei, digo eu, às vezes as famílias e as crianças falam códigos diferentes, nomeadamente em relação à Matemática, o que pode ser uma forma de desmobilizar ou os pais ou os filhos... Os filhos desmotivam porque não conseguem explicar aos pais e os pais sentem-se inseguros porque não conseguem compreender de que é que os filhos estão a falar e deixa de haver motivação entre ambos, não é? E nesse sentido, a Matemática assim, que os pais percebem e os filhos entendem, acaba por ser mais interessante. (Mãe de participante)

De fato, a contextualização dos desafios propostos aproxima os pais da Matemática que é proposta nas competições e isso promove o diálogo entre eles e os participantes acerca dos desafios.

Foram vários os aspectos das competições que os pais de participantes e ex-participantes realçaram nas entrevistas que com eles conduzimos. Um desses aspectos foi o papel das competições na criação de rotinas e no desenvolvimento de uma *cultura de responsabilização* por parte dos participantes. Alguns pais reforçam o seu papel na criação dessas rotinas:

> [...] O nosso papel foi garantir [...] a continuidade, a consciencialização para que ela não abandonasse [...] a tal lógica que está implícita no quotidiano dela e que o SUB12 acaba por impor, com uma periodicidade muito aceitável, os tais 15 dias. De uma maneira muito natural, acaba por impor uma periodicidade efetiva e isso também é muito interessante, sim. (Mãe de participante)

Outros pais destacaram igualmente o *papel da escola* no desenvolvimento destes hábitos de trabalho:

> Que os obriga a ser metódicos. Que de 15 em 15 dias eles têm que pensar e resolver e fá-los pensar. Muitas vezes, não é imediata a resolução para eles mas fá-los andar a pensar dois a três dias sobre o assunto. É claro que não levam o dia todo a pensar nisso. Até perguntam aos professores de Matemática e isso acho que é excelente para qualquer miúdo, para qualquer aluno. (Mãe de participantes)

Uma outra componente dessas competições largamente destacada pelos pais diz respeito ao *papel formativo do feedback* às respostas enviadas. O *feedback* era importante quando a resposta ao problema estava correta e completa: "quando as respostas estavam certas eram motivadoras, e 'parabéns e continua', 'fantástico!', 'o próximo vai ser ainda melhor', portanto, tudo corria muito bem" (Mãe de participante). Mas, acima de tudo, o *feedback* era crucial na promoção de atitudes fundamentais para os estudos e para a vida, como a persistência: "[...] mas quando não estavam [certas] também não era um problema, a mobilização acontecia também, nas entrelinhas vinham as pistas, nunca as respostas" (Mãe de participante). Recordando um episódio vivido pela filha, uma mãe descreve também o alcance que o *feedback* teve no próprio envolvimento da família na participação da criança. A promoção de uma *atitude de persistência* surge como central na competição:

> Nós tentávamos sempre... Achávamos que era esse o nosso papel, discutir, conversar, mas não dar a solução, permitir que ela chegasse lá. Aconteceu até, às vezes, acharmos que ela não estava a justificar bem a resposta mas obrigámo--la a lidar com a resposta da Universidade [referindo-se à Organização]: "Tu tens de tentar melhor", "Tens de tentar...". E isso foi bom, eu acho que foi muito, muito construtivo, fiquei muito impressionada com essa postura... que é mobilizadora. É mobilizadora não só para eles, para os miúdos naturalmente, que depois sentem o desafio: "Como não expliquei bem, espera lá a ver se eu agora explico ou não explico". E também para as famílias, achei fantástico, sim. (Mãe de participante)

Neste excerto, destaca-se igualmente a *ligação afetiva* expressa na comunicação que se foi estabelecendo entre os participantes e a Organização das competições, por meio do *feedback* fornecido. Embora o *feedback* dado pela organização não seja, por vezes, entendido pelos participantes como uma fonte de ajuda para a resolução dos problemas, os pais parecem reconhecer nele esse efeito. Isso mesmo foi relatado pela mãe de uma participante:

> Eu, muito sinceramente, acho que essa é a dimensão humana do projeto que eu acho digna de ser assinalada. De fato, é extraordinário, até para as famílias. Houve casos de outras famílias de amigos da [minha filha] que também participavam e que diziam que sabiam que os filhos não tinham respondido bem mas ficavam à espera de uma pista. E eu achei aquilo extraordinário... Estou a recordar-me de uma colega, em particular, que disse isto abertamente e eu achei... delicioso, porque significa que já havia uma relação de empatia, não só da criança mas também da própria família, que esperava esse eco da pista para ajudá-la em casa e isso é extraordinário. (Mãe de participante)

O *desenvolvimento do gosto pela Matemática* surge em destaque no leque de características das competições que os pais realçam como importantes. A importância da resolução de problemas e do gosto por esta atividade vai, na opinião de muitos pais, muito para além da disciplina de Matemática, como nos refere a mãe de dois jovens participantes:

> O gosto pela Matemática é muito importante, este tipo de problemas é importante para se habituarem a fazer problemas ao longo da vida toda, quer seja de Matemática, quer seja de outra coisa. Muitas vezes, a resolução das coisas não é imediata, tem que se andar ali a pensar e a refletir sobre o assunto. Acho que vai ser importante para o desenvolvimento deles enquanto pessoas e alunos. (Mãe de participantes)

O *apoio dos pais e o papel dos amigos* ou colegas no desenvolvimento desse gosto pela Matemática também é mencionado:

> E depois também algum apoio dos próprios pais [...] Sozinho, sozinho é preciso ter um grande gosto pela Matemática [...] penso eu que qualquer criança sozinha, sozinha, [...] é preciso ter um grande gosto, ou então, ter um companheiro e que seja um desafio para eles os dois ou três. (Pai de participante)

Mas os *professores* não são esquecidos na procura de apoio e incentivo. A mãe de uma participante destaca a atitude entusiasta e encorajadora da professora da filha, que contribuiu muito para o percurso desta jovem nas várias edições das competições e para alimentar o seu gosto pela disciplina.

> Penso que os SUBs tiveram um papel extremamente importante mas não posso, por uma questão de justiça e de convicção pessoal, dissociar isso do papel da professora de Matemática da [minha filha], em particular da professora do terceiro ciclo, [...] eu dou-lhe um exemplo muito concreto, que por mais anos que viva não me sairá nunca da cabeça, de um passeio junto à Rocha, em que a nossa filha nos ia explicando como se media o eixo da Terra e estas coisas ela aprende com a professora de Matemática e outras aprende com os SUBs, não é? Que vai partilhando, que vai [...] Quando eu faço questão de falar também da professora, é porque penso que a [minha filha] é um caso feliz de um encontro de formas de ver a Matemática entre a escola e... e a sorte de tropeçar num projeto extraordinário como é o projeto dos SUBs, que a professora reconheceu,

que apoiou, que validou, que estimulou a participação, portanto eu penso que houve um casamento feliz entre algumas variáveis que foram extremamente importantes. (Mãe de participante)

Esse gosto pela disciplina, que é uma característica desta jovem, acaba por se estender aos pais, como acrescentou a mãe:

[...] ela gosta, ela gosta mesmo de Matemática e transmite isso, o que é curioso, porque, por exemplo, eu sou de Humanidades... e a [minha filha] tem um papel extraordinário na minha relação com a Matemática porque é ela que me desperta para muitas coisas da Matemática. Acaba por ser o papel dos SUBs e dos professores de Matemática na família [...] o que é interessante, não é? (Mãe de participante)

O caráter inclusivo das competições fica espelhado nos depoimentos dos pais que recolhemos no âmbito do nosso projeto. Quando lhes perguntamos se essas competições se dirigiam apenas aos jovens considerados bons alunos em Matemática, as opiniões que recolhemos dos pais vão em sentido contrário:

Não, de maneira nenhuma. Acho que até podem motivar os miúdos a gostar muito mais de Matemática. E aquele aluno mediano, ou até os mais fraquinhos, acho que, se calhar, com a ajuda dos professores podem lá chegar, fazendo aquilo pormenorizadamente e com apoio ao estudo, se calhar, conseguem lá chegar e passam a gostar e a fazer. Agora, acho que, para os alunos medianos, a maioria consegue resolver esses problemas e obter mais sucesso a nível da Matemática no futuro. (Mãe de participantes)

Com maior ou menor ajuda, algo que é encorajado explicitamente nessas competições e reconhecido pelos pais, todos os alunos podem ter sucesso na sua participação. Os vários testemunhos apresentados vão ao encontro dos objetivos dessas competições, que passam por dar oportunidade a todos os participantes de resolver os problemas, com ou sem ajuda, individualmente ou em grupo, e de se manterem em prova o máximo de tempo possível.

A vertente competitiva do SUB12 e SUB14, tal como é entendida pela organização, apresenta-se sobretudo na Final e não na fase de apuramento, onde os participantes são livres de pedir ajuda. Essa vertente é reconhecida pelos encarregados de educação. Segundo uma mãe, os seus filhos "não dão tanto valor ao ser uma competição, eles preferem participar e gostam de ver que a resolução deles aparece [na página web]" (Mãe de dois participantes). Como vimos no Graf. 21, a publicação das resoluções dos participantes na página oficial da competição é um motivo de grande orgulho para todos aqueles que veem a sua resolução publicada entre as mais interessantes, originais e criativas de cada jornada. Como referimos, esta parece ser uma recompensa muito apreciada.

Assim, tendem a surgir vários aspectos bastante valorizados pelos participantes que se sobrepõem ao prêmio Final, como referiu um ex-participante:

> Aquilo que mais me marcou foi o ter chegado tão longe nos campeonatos, inclusive ter ganho o primeiro. Não pelo fato de ter ganho o prêmio, mas sim por saber que fui capaz de resolver bem os problemas. (Ex-participante, GG.)

No entanto, o chegar à Final e o ganhar o prêmio é também um elemento importante para o reconhecimento público do esforço e dedicação colocados na participação na competição, que são motivos de orgulho, como nos expressa uma participante:

> O fato de ter estado desde sempre e... e já ter sido reconhecida como ter ficado assim nos três primeiros, é algo de que acho que, às vezes, me posso gabar um bocadinho... (risos). E depois isso ajuda a ver-me como uma pessoa que consegue ultrapassar os problemas, as dificuldades e acabo por conseguir e isso ajuda para resolver os próximos e para... pronto manter-me naquelas posições mais altas. (Participante, M.)

Essas competições são ainda reconhecidas pelos pais e professores como um bom complemento à aprendizagem da Matemática que se faz na escola:

[...] em termos de escola, as coisas são demasiado teóricas e, portanto, eles veem possibilidades nos problemas mais realistas, onde podem aplicar a Matemática e perceber para que é que ela serve, porque muitas vezes perguntam para que serve. (Mãe de participantes)

Os próprios participantes reconhecem esta complementaridade entre as aprendizagens formais, da escola, e as que decorrem da sua participação nas competições. Por exemplo, uma jovem participante refere como o que aprendeu na escola a ajudou a resolver um dos desafios propostos: "Porque apareceu-me um problema com frações e eu ainda não sabia fazer e depois, no dia a seguir em que saiu o problema, eu tinha aula de Matemática e aí dei as frações... e aí já consegui fazer o problema" (Participante, J.).

A participação nas competições alarga as experiências matemáticas que os participantes têm na aula de Matemática, onde não é tão habitual serem confrontados com problemas como os que saem nas competições: "Não... ela [a professora] não fala quase disso nas aulas" (Participante, J.). Um ex-participante elabora um pouco mais sobre esse aspecto:

> Os problemas das aulas baseavam-se numa metodologia de trabalho sempre semelhante, com regras e fórmulas próprias, enquanto que os problemas dos SUBs nos davam mais liberdade de resposta. (Ex-participante, GG.)

Esse depoimento, em particular, ilustra como essas competições procuram, com sucesso, desvincular-se do currículo escolar, dando, contudo, um importante contributo para a aprendizagem da Matemática.

Na verdade, a participação nas competições também ajuda os jovens a melhorar os seus desempenhos na Matemática escolar. São os próprios participantes e ex-participantes que o referem ao destacarem a necessidade de explicar o processo de resolução como uma vantagem da participação no SUB12 ou SUB14 para melhorar o seu desempenho escolar.

> Eu faço os cálculos muito de cabeça e depois... lembro-me do resultado, mas não me lembro como é que fiz [...]. Têm-

me dito: "Tens de meter sempre o processo de resolução, não te podes esquecer e tens de explicar as coisas como deve ser..." [...]. Porque eu nos meus testes de Matemática também não explicava e isso era logo metade da classificação, e assim eu já me lembro sempre de meter. (Participante, J.)

[...] os SUBs foram um treino. Eu tinha que calcular, tinha que pensar e tinha que explicar bem, principalmente nas Finais. Tínhamos de explicar o nosso raciocínio, isso é importante porque temos de fazer isso nas aulas de Matemática, estou a ver todos fazerem isso nos exames. Acho que o fato de termos de trabalhar e... porque o que eu sempre aprendi foi que em Matemática não se estuda, aquilo é para agente perceber e treinar... e o fato de estarmos nos SUBs a treinar a forma de explicar, temos de explicar bem, acho que ajudava bastante para a Matemática. E o fato de nas aulas resolvermos, muitas vezes, os próprios problemas dos SUBs também me ajudava bastante. (Participante, M.)

Os problemas dos SUBs serviram sobretudo para me ajudar a perceber que não existe apenas um caminho para a solução. Existem várias maneiras de lá chegar e foram úteis nesse sentido. Nas aulas, quando tinha dificuldade em resolver os problemas pelos métodos que o professor ensinava, tentava resolvê-los à minha maneira recorrendo a outro tipo de raciocínios. (Ex-participante, GG.)

Para uma imagem mais positiva da Matemática e da resolução de problemas: o papel dos afetos

Associamo-nos às palavras de Borba, Scucuglia e Gadanidis (2014), defendendo a necessidade de criar projetos com potencial inovador para o ensino e aprendizagem de Matemática, que constituam uma alternativa para transformar a imagem negativa da Matemática escolar. Os campeonatos de Matemática SUB12 e SUB14 são contextos não escolares que proporcionam aos participantes, pais e professores um ambiente em que uma atividade matemática como a resolução de problemas é realizada com prazer.

Neste livro, revelamos alguns dos afetos que emergem da participação dos jovens nos campeonatos de Matemática SUB12 e SUB14, tanto na fase de apuramento como na fase final. Procuramos dar uma ideia de como as *concepções, emoções e atitudes* aparecem exteriorizadas nos dados que fomos recolhendo a partir de várias fontes, entre questionários, entrevistas e mensagens de correio eletrônico trocadas entre a Organização das competições e os jovens participantes.

Não pretendemos trazer aqui conclusões definitivas. Em todo o caso, avançamos com algumas ideias que nos parecem derivar dos dados que recolhemos e analisamos, mas deixamos igualmente algumas questões em aberto.

Não nos restam dúvidas de que essas competições de caráter inclusivo produzem um impacto assinalável na região que abarcam. A nossa experiência ao longo dos anos na organização desses campeonatos mostra-nos que realmente se pode resolver problemas de Matemática, em casa, com gosto, de forma calma e tranquila, oportunizando o envolvimento parental e desenvolvendo, em simultâneo, atitudes positivas e favoráveis para com a Matemática e a resolução de problemas.

O que tem vindo a acontecer no âmbito desses campeonatos está em sintonia com as ideias de Bussi *et al.* (2009), bem como de Borba, Scucuglia e Gadanidis (2014). Os problemas propostos desafiam e envolvem pais e filhos numa atividade matemática rica, despertam alegrias, entusiasmo, reúnem vários membros da família em torno da resolução de problemas. Com alguma segurança, podemos afirmar que esses desafios contribuem para tornar a Matemática mais popular entre os jovens estudantes, as suas famílias e a sociedade, em geral. Aliás essa iniciativa tem sido carinhosamente acolhida por diversas associações de pais do Algarve e pela Federação Nacional de Associações de Pais, de Portugal, o que revela que os pais também se empolgam com as questões da Educação Matemática.

Entre os vários resultados obtidos sobre *concepções* acerca da Matemática, constatamos a presença de *concepções* muito semelhantes às relatadas na literatura desde há várias décadas, em que a Matemática é vista como um conjunto de fórmulas e equações, em muitos dos participantes nos campeonatos. Contudo, essa visão é oposta à Matemática que os próprios campeonatos propõem aos participantes: uma Matemática divertida, envolvente, desafiante, próxima das vidas quotidianas dos jovens.

O que pode então explicar essa visão da Matemática, aparentemente tão distante da Matemática dos campeonatos?

Uma possível explicação sugere a coexistência de duas Matemáticas: a da escola ou da sala de aula e a dos campeonatos. A Matemática escolar parece associar-se às visões mais tradicionais sobre esta disciplina e sobre a forma como ela é aprendida e ensinada. Pelo contrário, a Matemática do SUB12 e SUB14 surge aos olhos dos participantes como sendo mais interessante, entusiasmante e envolvente, espelhando uma visão mais atual desta ciência e do seu papel no mundo de hoje.

Os dados analisados tornam claro que os campeonatos suscitam uma panóplia de emoções, tanto nos próprios participantes como nas suas famílias, que acabam por viver também emoções intensas quando se envolvem com os seus filhos neste ambiente fora da sala de aula. Em geral, os participantes revelam gostar de Matemática, embora não haja unanimidade a este respeito. No entanto, tal circunstância não invalida a sua decisão de participar, o que é revelador do caráter inclusivo dessas competições. De modo bastante semelhante se distribui o gosto dos participantes por resolver problemas de Matemática.

O constante *feedback* oferecido a propósito das resoluções dos alunos, tanto para reconhecer uma resposta correta e completa, como para fornecer pistas e incentivos que ajudem a melhorar as produções dos participantes, despertou emoções diversas, embora geralmente positivas. Receber a informação de que a primeira resposta ao problema foi considerada certa é fonte de uma grande felicidade para muitos participantes. Quando isso não acontece, a emoção mais evidenciada pelos participantes é a tristeza. Porém, em muitos casos, essa tristeza dá lugar a um novo entusiasmo, porque os participantes acabam por se sentir motivados a revisitar a sua resolução e a tentar novamente. Todo o ambiente envolvente é de proximidade, ainda que toda a comunicação seja feita a distância, através de correio eletrônico. O *feedback* dado pela organização contribui de forma decisiva para que uma resposta inicialmente errada ou incompleta não dê origem a uma desistência. Pelo contrário, é entendido como uma nova oportunidade para aprender e para chegar a uma resposta correta.

O ser apurado para a Final é motivo de orgulho e de contentamento para os jovens e suas famílias, como seria de se esperar. Mas ser eliminado da competição nem sempre é visto com maus olhos.

O que poderá levar os participantes a sentirem-se felizes por serem eliminados da competição?

Conjeturamos que, para alguns alunos, a participação na fase de apuramento, que decorre a distância e através da internet, é uma atividade interessante e apelativa, ao passo que a participação na Final exige a presença da pessoa e parece gerar maior pressão emocional. Pode até significar um receio de não corresponder às expectativas que sobre eles recaem. Também pode acontecer que nem todos os alunos gostem igualmente de se envolver em competição, já que a fase de apuramento é essencialmente formativa e não competitiva.

A publicação das resoluções na página web dos campeonatos é um motivo de grande orgulho e regozijo para os participantes. O sentimento de reconhecimento público, que lhe está associado, proveniente da família, da escola e da comunidade mais próxima, transforma a publicação das resoluções numa das recompensas mais desejadas pelos jovens participantes. Temos indicação de que a publicação das resoluções estimula um maior investimento dos participantes na expressão da solução e do processo de resolução, pois eles têm consciência de que, como já referimos, explicar a forma como pensaram é determinante para que a sua produção seja escolhida para aparecer na página dos campeonatos. Convidamos aqui os nossos leitores não só a conhecerem os desafios matemáticos propostos ao longo das várias edições realizadas, mas acima de tudo a admirarem a criatividade, perspicácia e fluência tecnológica (JACINTO; CARREIRA, 2016) patentes nas diversas resoluções produzidas por participantes.

Esses desafios matemáticos têm sido aproveitados, em Portugal, por professores de Matemática do ensino básico como um recurso válido para implementar a resolução de problemas na sala de aula. No Brasil, teve também lugar uma experiência de ensino que recorreu a um conjunto de problemas propostos nessas competições, aos quais formam adicionados vários jogos digitais, com o objetivo de promover, em simultâneo, a resolução de problemas e a utilização das tecnologias, como preconizado pelos Parâmetros Curriculares Nacionais (ALTHAUS; DULLIUS; AMADO, 2016).

Os resultados apresentados neste livro corroboram ainda algumas evidências descritas na literatura no que concerne à preferência dos participantes por desafios moderados (TURNER; MEYER, 2004). De fato, os desafios propostos contêm alguma dificuldade para os participantes, mas isso parece não prejudicar o seu gosto em os resolver nem a sua persistência na procura de solução. Aliás, essa atitude ficou bastante espelhada nos relatos de vários entrevistados que revelaram beneficiar da ajuda dada através do *feedback* quando não conseguiam chegar à solução.

Nessa competição, pedir ajuda foi sempre encarado como legítimo, acessível e uma ferramenta a ser usada efetivamente para conseguir dar uma resposta aos desafios lançados. É isso que faz da fase de apuramento dessas competições um percurso de aprendizagem.

O envolvimento parental revela-se muito significativo e em várias frentes. Por um lado, muitos pais são peças-chave na motivação dos filhos para a participação, ou para reforçar a motivação que os jovens já sentem em participar. Por outro lado, os pais são uma importante fonte de ajuda para os participantes, embora isso não aconteça em todos os casos, como é natural. Quando ocorre esse envolvimento dos pais e de outros membros da família, ele apresenta características interessantes porque está ligado a momentos de prazer e de divertimento para todos os familiares, sendo aliás a resolução dos problemas assumida como uma prova para toda a família. Na verdade, os problemas dos campeonatos desafiam pais e filhos, colocando ambos na mesma situação de enfrentar um desafio.

Os pais destacam vários aspectos dessas competições que consideram importantes: a criação de rotinas de trabalho resultantes de uma nova proposta a cada quinzena, o desenvolvimento de uma atitude de responsabilização e de persistência nos jovens, o papel encorajador e construtivo do *feedback* recebido pelos alunos, o contributo das competições para uma visão diferente da Matemática e da resolução de problemas e para estimular o gosto por estas atividades. As famílias reconhecem igualmente o importante papel dos professores nesse processo, divulgando, incentivando e apoiando os jovens ao longo do campeonato.

Foi nosso propósito, neste livro, levar o leitor a tomar consciência das várias dimensões afetivas que estão envolvidas na atividade de resolução de problemas desafiantes. Uma tal tomada de consciência, tanto por parte da comunidade educativa como por parte da opinião pública, pode contribuir para um melhor entendimento da relação das crianças e dos adultos com a Matemática e ajudar a promover uma imagem da Matemática mais humanizada, interessante, desafiante e emotiva. As competições matemáticas inclusivas, como aquelas a que nos referimos aqui, têm a capacidade de atrair, em vez de excluir, jovens, professores e famílias em torno de uma procura contagiante de soluções para problemas que lhes despertam curiosidade e interesse. A Matemática, desenvolvida num ambiente de afetos positivos, terá o poder de unir, em vez de criar barreiras e segregar.

REFERÊNCIAS

ABRANTES, P. *O trabalho de projeto e a relação dos alunos com a matemática: a experiência do Projeto MAT789*. 1994. 830 f. Tese (Doutorado em Educação) – Universidade de Lisboa, Lisboa, 1994.

AINLEY, M. Connecting with learning: motivation, affect and cognition in interest processes. *Educational Psychology Review*, [S.l.], v. 18, n. 4, p. 391-405, Dec. 2006.

ALTHAUS, N.; DULLIUS, M. M.; AMADO, N. Jogo computacional e resolução de problemas: três estudos de casos. *Educação Matemática Pesquisa*, São Paulo, v. 18, n. 1, p. 17-42, 2016.

BARBEAU, E. J. Introduction. In: BARBEAU, E. J.; TAYLOR, P. J. (Ed.). *Challenging mathematics in and beyond the classroom. The 16th ICMI Study*. New York: Springer, 2009. p. 1-9.

BORBA, M. C.; SCUCUGLIA, R.; GADANIDIS, G. *Fases das tecnologias digitais na Educação Matemática*: sala de aula e internet em movimento. Belo Horizonte: Autêntica, 2014. (Coleção Tendências em Educação Matemática).

BORBA, M. C.; VILLARREAL, M. E. *Humans-With-Media and the reorganization of mathematical thinking*: information and communication technologies, modeling, visualization and experimentation. New York: Springer, 2005. (Mathematics Education Library, v. 39).

BUSSI, M. B. *et al.* Mathematics in context: focusing on students. In: BARBEAU, E. J.; TAYLOR, P. J. (Ed.). *Challenging mathematics in and beyond the classroom. The 16th ICMI Study*. New York: Springer, 2009. p. 171-203.

CARREIRA, S. Mathematical problem solving beyond school: digital tools and students' mathematical representations. In: CHO, S. (Ed.). *Selected regular lectures from the 12th International Congress on Mathematical Education.* New York: Springer, 2015. p. 93-113.

CÉSAR, M. O papel das famílias nos processos de aprendizagem matemática dos alunos: caminhos para a inclusão ou retratos de formas (subtis) de exclusão? *Interacções,* Lisboa, v. 8, n. 20, p. 255-292, 2012.

DAMÁSIO, A. *O erro de Descartes* – emoção, razão e cérebro humano. 21. ed. Mem Martins: Publicações Europa-América, 2000.

DAMÁSIO, A. *Looking for Spinoza:* joy, sorrow and the feelings brain. Orlando: Harcourt, 2003.

DE ABREU, G. Understanding how children experience the relationship between home and school mathematics. *Mind, Culture and Activity: An International Journal,* [S.l.], v. 2, n. 2, p. 119-142, 1995.

DE ABREU, G. Social valorisation of mathematical practices: the implications for learners in multicultural schools. In: NASIR, N.; COBB, P. (Ed.). *Improving access to mathematics: diversity and equity in the classroom.* New York: Teachers College Press, 2007. p. 118-131.

DE ABREU, G. From mathematics learning out-of-school to multi-cultural classrooms: a cultural psychology perspective. In: ENGLISH, L. (Ed.). *Handbook of international research in mathematics education.* 2nd. ed. New York; London: Routledge, 2008. p. 352-384.

DEBELLIS, V. A.; GOLDIN, G. Affect and meta-affect in mathematical problem solving: a representational perspective. *Educational Studies in Mathematics,* [S.l.], v. 63, n. 2, p. 131-147, Oct. 2006.

DI MARTINO, P.; ZAN, R. 'Me and Maths': towards a definition of attitudes grounded on students' narratives. *Journal of Mathematics Teacher Education,* [S.l.], v. 13, n. 1, p. 27-48, Feb. 2010.

DI MARTINO, P.; ZAN, R. Attitude towards mathematics: a bridge between beliefs and emotions. *ZDM,* [S.l.], v. 43, n. 4, p. 471-482, Feb. 2011.

DI MARTINO, P.; ZAN, R. Where does fear of maths come from? Beyond the purely emotional. In: UBUZ, B.; HASSER, Ç.; MARIOTTI, M. A. (Ed.). *Proceedings of the Eighth Congress of the European Society for Research in Mathematics Education.* Ankara: Middle East Technical University, 2013. p. 1309-1318.

FREIMAN, V.; APPLEBAUM, M. Online mathematical competitions: using virtual marathon to challenge promising students and to develop their persistence. *Canadian Journal of Science, Mathematics and Technology Education,* Toronto, v. 11, n. 1, p. 55-66, 2011.

FREIMAN, V. *et al.* Technological environments beyond the classroom. In: BARBEAU, E. J.; TAYLOR, P. J. (Ed.). *Challenging mathematics in and beyond the classroom. The 16th ICMI Study.* New York: Springer, 2009. p. 97-131.

FREIMAN, V.; VÉZINA, N. (2006). Challenging virtual mathematical environments: the case of the CAMI Project. Pre-conference paper of the Study Conference for ICMI Study 16 – Challenging Mathematics In and Beyond the Classroom. Disponível em: <http://www.amt.edu. au/pdf/icmis16pcanfreiman.pdf>. Acesso em: 31 maio 2016.

FREIMAN, V.; VÉZINA, N.; GANDAHO, I. New Brunswick pre- -service teachers communicate with schoolchildren about mathematical problems: CAMI project. *ZDM,* [S.l.], v. 37, n. 3, p. 178-189, June 2005.

FRENZEL, A. C.; PEKRUN, R.; GOETZ, T. Perceived learning environment and students' emotional experiences: a multilevel analysis of mathematics classrooms. *Learning and Instruction,* [S.l.], v. 17, n. 5, p. 478-493, Oct. 2007.

GOETZ, T. et al. Antecedents of academic emotions: testing the internal/ external frame of reference model for academic enjoyment. *Contemporary Educational Psychology,* [S.l.], v. 33, n. 1, p. 9-33, Jan. 2008.

GOLDIN, G. Affect, meta-affect, and mathematical belief structures. In: LEDER, G.; PEHKONEN, E.; TÖRNER, G. (Ed.). *Beliefs: a hidden variable in mathematics education?* Dordrecht, The Netherlands: Kluwer, 2002. p. 59-72.

GOMEZ-CHACÓN, I. Affective pathways and visualization processes in mathematical learning within a computer environment. In: HANNULA, M.; PORTAANKORVA-KOIVISTO, P.; NÄVERI, L. (Ed.). *Current state of research on mathematical beliefs XVIII: proceedings of the MAVI-18 Conference.* Helsinki: Sept. 2012.

GOMEZ-CHACÓN, I. Identifying cognitive-affective interaction phenomena in a technological mathematical context. In: CARREIRA, S. et al. (Ed.). *Proceedings of the Problem@Web International Conference: technology, creativity and affect in mathematical problem solving.* Faro: Universidade do Algarve, 2014. p. 288-299.

GOMEZ-CHACÓN, I.; OP'T EYNDE, P.; DE CORTE, E. Creencias de los estudiantes de matemáticas: la influencia del contexto de clase. *Enseñanza de las Ciencias,* Barcelona, v. 24, n. 3, p. 309-324, 2006.

HANNULA, M. Attitudes towards mathematics: emotions, expectations and values. *Educational Studies in Mathematics,* [S.l.], v. 49, n. 1, p. 25-46, Jan. 2002.

JACINTO, H.; CARREIRA, S. Mathematical Problem Solving with Technology: the Techno-Mathematical Fluency of a Student-with-GeoGebra. *International Journal of Science and Mathematics Education,* online first, Mar. 2016.

JACINTO, H. *et al.* The use of digital tools in web-based mathematical competitions: degrees of sophistication in problem solving-and-expressing. In: CARREIRA, S. et al. (Ed.). *Proceedings of the Problem@Web International Conference: technology, creativity and affect in mathematical problem solving.* Faro: Universidade do Algarve, 2014. p. 14-15.

JONES, K.; SIMONS, H. *Online Mathematics Enrichment:* an evaluation of the NRICH project. Southampton: University of Southampton, 1999.

JONES, K.; SIMONS, H. The student experience of online mathematics enrichment. In: NAKAHARA, T.; KOYAMA, M. (Ed.). *Proceedings of the 24th Conference of the International Group for the Psychology of Mathematics Education.* Hiroshima: 2000. p. 103-110. v. 3.

KENDEROV, P. *et al.* Challenges beyond the classroom – sources and organizational issues. In: BARBEAU, E. J.; TAYLOR, P. J. (Ed.). *Challenging mathematics in and beyond the classroom. The 16th ICMI Study.* New York: Springer, 2009. p. 53-96.

KLEINE, M. *et al.* The structure of students' emotions experienced during a mathematical achievement test. *ZDM,* v. 37, n. 3, p. 221-225, June 2005.

KOICHU, B.; ANDZANS, A. Mathematical creativity and giftedness in out-of-school activities. In: BERMAN, R. A.; KOICHU, B. (Ed.). *Creativity in mathematics and the education of gifted students.* Rotterdam: Sense Publishers, 2009. p. 286-307.

LEDER, G.; FORGASZ, H. Measuring mathematical beliefs and their impact on the learning of mathematics: a new approach. In: LEDER, G. C.; PEHKONEN, E.; TÖRNER, G. (Ed.). *Beliefs: a hidden variable in mathematics education?* Dordrecht, The Netherlands: Kluwer, 2002. p. 95-113.

Referências

LEDER, G. C.; PEHKONEN, E.; TÖRNER, G. Setting the scene. In: LEDER, G. C.; PEHKONEN, E.; TÖRNER, G. (Ed.). *Beliefs: a hidden variable in mathematics education?* Dordrecht, The Netherlands: Kluwer, 2002. p. 1-10.

MATOS, J. F. *Logo na Educação Matemática: um estudo sobre as concepções e atitudes dos alunos.* 1991. Tese (Doutorado em Educação) – Universidade de Lisboa, Lisboa, 1991.

MCLEOD, D. (1992). Research on affect in mathematics education: a reconceptualization. In: GROUWS, D. (Ed.). *Handbook of research on mathematics teaching and learning.* New York: MacMillan, 1992. p. 575-596.

MCLEOD, D.; MCLEOD, S. Synthesis – beliefs and mathematics education: implications for learning, teaching and research. In: LEDER, G. C.; PEHKONEN, E.; TÖRNER, G. (Ed.). *Beliefs: a hidden variable in mathematics education?* Dordrecht, The Netherlands: Kluwer, 2002. p. 115-123.

MCMULLEN, R.; DE ABREU, G. Mothers' experiences of their children's school mathematics at home: the impact of being a mother-teacher. *Research in Mathematics Education,* v. 13, n. 1, p. 59-74, 2011.

NEVES, M.; CARVALHO, C. A importância da afectividade na aprendizagem da matemática em contexto escolar: um estudo de caso com alunos do 8º ano. *Análise Psicológica,* Lisboa, v. 24, n. 2, p. 201-215, 2006.

PIERCE, R.; STACEY, K.; BARKATSAS, A. A scale for monitoring students' attitudes to learning mathematics with technology. *Computers & Education,* v. 48, n. 2, p. 285-300, Feb. 2007.

PONTE, J. Concepções dos professores de matemática e processos de formação. In: PONTE, J. (Ed.). *Educação matemática: temas de investigação.* Lisboa: Instituto de Inovação Educacional, 1992. p. 185-239.

PONTE, J. Gestão curricular em matemática. In: GTI (Ed.). *O professor e o desenvolvimento curricular.* Lisboa: APM, 2005. p. 11-34.

PRESMEG, N. Beliefs about the nature of mathematics in the bridging of everyday and school mathematical practices. In: LEDER, G. C.; PEHKONEN, E.; TÖRNER, G. (Ed.). *Beliefs: a hidden variable in mathematics education?* Dordrecht, The Netherlands: Kluwer, 2002. p. 293-312.

PRESMEG, N. Creative advantages of visual solutions to some non--routine mathematical. In: CARREIRA, S. et al. (Ed.). *Proceedings of the Problem@Web International Conference: technology, creativity and affect in mathematical problem solving.* Faro: Universidade do Algarve, 2014. p. 156-167.

PROTASOV, V. *et al.* Challenging problems: mathematical contents and sources. In: BARBEAU, E. J.; TAYLOR, P. J. (Ed.). *Challenging mathematics in and beyond the classroom. The 16th ICMI Study.* New York: Springer, 2009. p. 11-51.

RUFFELL, M.; MASON, J.; ALLEN, B. Studying attitude to mathematics, *Educational Studies in Mathematics,* [S.l.], v. 35, n. 1, p. 1-18, Jan. 1998.

SANTOS, L. *et al. Plano da Matemática* - relatório final. Documento não publicado, DGIDC - Ministério da Educação, Portugal, 2009.

SANTOS, L. *et al. Plano da Matemática II e Novo Programa de Matemática do Ensino Básico* - relatório final de ano 2011-2012. Documento não publicado, DGIDC - Ministério da Educação, Portugal, 2012.

SCHOENFELD, A. *Mathematical problem solving.* New York: Academic Press, 1985.

SCHWEINLE, A.; BERG, P. J.; SORENSON, A. R. Preadolescent perceptions of challenging and difficult course activities and their motivational distinctions. *Educational Psychologist,* published online, May 2013.

SCHWEINLE, A.; MEYER, D.; TURNER, J. Striking the right balance: students' motivation and affect in elementary mathematics. *The Journal of Educational Research,* [S.l.], v. 99, n. 5, p. 271-294, 2006.

SELDEN, A.; MCKEE, K.; SELDEN, J. Affect, behavioural schemas and the proving process. *International Journal of Mathematical Education in Science and Technology,* [S.l.], v. 41, n. 2, p. 199-215, 2010.

SERRAZINA, L. Contributo das práticas de formação para as práticas letivas: um estudo exploratório. In: CARNAVARRO *et al.* (Ed.). *Investigação em Educação Matemática 2012: práticas de ensino da matemática.* Portalegre: SPIEM, 2012. p. 443-453.

STOCKTON, J. C. Mathematical competitions in Hungary: promoting a tradition of excellence & creativity. *The Mathematics Enthusiast,* [S.l.], v. 9, n. 1-2, p. 37-58, Jan. 2012.

TURNER, J.; MEYER, D. A classroom perspective on the principle of moderate challenge in mathematics. *The Journal of Educational Research,* [S.l.], v. 97, n. 6, p. 311-318, 2004.

WALSHAW, M.; BROWN, T. Affective productions of mathematical experience. *Educational Studies in Mathematics,* [S.l], v. 80, n. 1-2, p. 185-199, May 2012.

WEDEGE, T.; SKOTT, J. Potential for change of views in the mathematics classroom? In: PITTA-PANTAZI, D.; PHILIPPOU, G. (Ed.). *Proceedings of the Fifth Congress of the European Society for Research in Mathematics Education.* Larnaca, Cyprus: Feb. 2007. p. 389-398. Disponível em: <http://ermeweb.free.fr/CERME5b/>. Acesso em: ago. 2013.

Outros títulos da coleção

"Tendências em Educação Matemática"

A matemática nos anos iniciais do ensino fundamental – tecendo fios do ensinar e do aprender
Autoras: Adair Mendes Nacarato, Brenda Leme da Silva Mengali, Cármen Lúcia Brancaglion Passos
Neste livro, as autoras discutem o ensino de Matemática nas séries iniciais do ensino fundamental num movimento entre o aprender e o ensinar. Consideram que essa discussão não pode ser dissociada de uma mais ampla, que diz respeito à formação das professoras polivalentes – aquelas que têm uma formação mais generalista em cursos de nível médio (Habilitação ao Magistério) ou em cursos superiores (Normal Superior e Pedagogia). Nesse sentido, elas analisam como têm sido as reformas curriculares desses cursos e apresentam perspectivas para formadores e pesquisadores no campo da formação docente. O foco central da obra está nas situações matemáticas desenvolvidas em salas de aula dos anos iniciais. A partir dessas situações, as autoras discutem suas concepções sobre o ensino de Matemática a alunos dessa escolaridade, o ambiente de aprendizagem a ser criado em sala de aula, as interações que ocorrem nesse ambiente e a relação dialógica entre alunos-alunos e professora-alunos que possibilita a produção e a negociação de significado.

Álgebra para a formação do professor – explorando os conceitos de equação e de função
Autores: Alessandro Jacques Ribeiro, Helena Noronha Cury
Neste livro, Alessandro Jacques Ribeiro e Helena Noronha Cury apresentam uma visão geral sobre os conceitos de equação e de função, explorando o tópico com vistas à formação do professor de Matemática. Os autores trazem aspectos históricos da constituição desses conceitos ao longo da História da Matemática e discutem os diferentes significados que até hoje perpassam as produções sobre esses tópicos. Com vistas à formação inicial ou continuada de professores de Matemática, Alessandro e Helena

enfocam, ainda, alguns documentos oficiais que abordam o ensino de equações e de funções, bem como exemplos de problemas encontrados em livros didáticos. Também apresentam sugestões de atividades para a sala de aula de Matemática, abordando os conceitos de equação e de função, com o propósito de oferecer aos colegas, professores de Matemática de qualquer nível de ensino, possibilidades de refletir sobre os pressupostos teóricos que embasam o texto e produzir novas ações que contribuam para uma melhor compreensão desses conceitos, fundamentais para toda a aprendizagem matemática.

Análise de erros – o que podemos aprender com as respostas dos alunos

Autora: Helena Noronha Cury

Neste livro, Helena Noronha Cury apresenta uma visão geral sobre a análise de erros, fazendo um retrospecto das primeiras pesquisas na área e indicando teóricos que subsidiam investigações sobre erros. A autora defende a ideia de que a análise de erros é uma abordagem de pesquisa e também uma metodologia de ensino, se for empregada em sala de aula com o objetivo de levar os alunos a questionarem suas próprias soluções. O levantamento de trabalhos sobre erros desenvolvidos no país e no exterior, apresentado na obra, poderá ser usado pelos leitores segundo seus interesses de pesquisa ou ensino. A autora apresenta sugestões de uso dos erros em sala de aula, discutindo exemplos já trabalhados por outros investigadores. Nas conclusões, a pesquisadora sugere que discussões sobre os erros dos alunos venham a ser contempladas em disciplinas de cursos de formação de professores, já que podem gerar reflexões sobre o próprio processo de aprendizagem.

Aprendizagem em Geometria na educação básica – a fotografia e a escrita na sala de aula

Autores: Adair Mendes Nacarato, Cleane Aparecida dos Santos

Muitas pesquisas têm sido produzidas no campo da Educação Matemática sobre o ensino de Geometria. No entanto, o professor, quando deseja implementar atividades diferenciadas com seus alunos, depara-se com a escassez de materiais publicados. As autoras, diante dessa constatação, constroem, desenvolvem e analisam uma proposta alternativa para explorar os conceitos geométricos, aliando o uso de imagens fotográficas às produções escritas dos alunos. As autoras almejam que o compartilhamento da experiência vivida possa contribuir tanto para o campo da pesquisa quanto para as práticas pedagógicas dos professores que ensinam Matemática nos anos iniciais do ensino fundamental.

Outros títulos da coleção "Tendências em Educação Matemática"

Brincar e jogar – enlaces teóricos e metodológicos no campo da Educação Matemática
Autor: Cristiano Alberto Muniz
Neste livro, o autor apresenta a complexa relação jogo/ brincadeira e a aprendizagem matemática. Além de discutir as diferentes perspectivas da relação jogo e Educação Matemática, ele favorece uma reflexão do quanto o conceito de Matemática implica a produção da concepção de jogos para a aprendizagem, assim como o delineamento conceitual do jogo nos propicia visualizar novas possibilidades de utilização dos jogos na Educação Matemática. Entrelaçando diferentes perspectivas teóricas e metodológicas sobre o jogo, ele apresenta análises sobre produções matemáticas realizadas por crianças em processo de escolarização em jogos ditos espontâneos, fazendo um contraponto às expectativas do educador em relação às suas potencialidades para a aprendizagem matemática. Ao trazer reflexões teóricas sobre o jogo na Educação Matemática e revelar o jogo efetivo das crianças em processo de produção matemática, a obra tanto apresenta subsídios para o desenvolvimento da investigação científica quanto para a práxis pedagógica por meio do jogo na sala de aula de Matemática.

Da etnomatemática a arte-design e matrizes cíclicas
Autor: Paulus Gerdes
Neste livro, o leitor encontra uma cuidadosa discussão e diversos exemplos de como a Matemática se relaciona com outras atividades humanas. Para o leitor que ainda não conhece o trabalho de Paulus Gerdes, esta publicação sintetiza uma parte considerável da obra desenvolvida pelo autor ao longo dos últimos 30 anos. E para quem já conhece as pesquisas de Paulus, aqui são abordados novos tópicos, em especial as matrizes cíclicas, ideia que supera não só a noção de que a Matemática é independente de contexto e deve ser pensada como o símbolo da pureza, mas também quebra, dentro da própria Matemática, barreiras entre áreas que muitas vezes são vistas de modo estanque em disciplinas da graduação em Matemática ou do ensino médio.

Descobrindo a Geometria Fractal para a sala de aula
Autor: Ruy Madsen Barbosa
Neste livro, Ruy Madsen Barbosa apresenta um estudo dos belos fractais voltado para seu uso em sala de aula, buscando a sua introdução na Educação Matemática brasileira, fazendo bastante apelo ao visual artístico, sem prejuízo da precisão e rigor matemático. Para alcançar esse objetivo, o autor incluiu capítulos específicos, como os de criação e de exploração de frac-

tais, de manipulação de material concreto, de relacionamento com o triângulo de Pascal, e particularmente um com recursos computacionais com *softwares* educacionais em uso no Brasil. A inserção de dados e comentários históricos tornam o texto de interessante leitura. Anexo ao livro é fornecido o CD-Nfract, de Francesco Artur Perrotti, para construção dos lindos fractais de Mandelbrot e Julia.

Diálogo e aprendizagem em Educação Matemática
Autores: Helle Alrø e Ole Skovsmose
Neste livro, os educadores matemáticos dinamarqueses Helle Alrø e Ole Skovsmose relacionam a qualidade do diálogo em sala de aula com a aprendizagem. Apoiados em ideias de Paulo Freire, Carl Rogers e da Educação Matemática Crítica, esses autores trazem exemplos da sala de aula para substanciar os modelos que propõem acerca das diferentes formas de comunicação na sala de aula. Este livro é mais um passo em direção à internacionalização desta coleção. Este é o terceiro título da coleção no qual autores de destaque do exterior juntam-se aos autores nacionais para debaterem as diversas tendências em Educação Matemática. Skovsmose participa ativamente da comunidade brasileira, ministrando disciplinas, participando de conferências e interagindo com estudantes e docentes do Programa de Pós-Graduação em Educação Matemática da Unesp, em Rio Claro.

Didática da Matemática – uma análise da influência francesa
Autor: Luiz Carlos Pais
Neste livro, Luiz Carlos Pais apresenta aos leitores conceitos fundamentais de uma tendência que ficou conhecida como "Didática Francesa". Educadores matemáticos franceses, na sua maioria, desenvolveram um modo próprio de ver a educação centrada na questão do ensino da Matemática. Vários educadores matemáticos do Brasil adotaram alguma versão dessa tendência ao trabalharem com concepções dos alunos, com formação de professores, entre outros temas. O autor é um dos maiores especialistas no país nessa tendência, e o leitor verá isso ao se familiarizar com conceitos como transposição didática, contrato didático, obstáculos epistemológicos e engenharia didática, dentre outros.

Educação a Distância *online*
Autores: Marcelo de Carvalho Borba, Ana Paula dos Santos Malheiros, Rúbia Barcelos Amaral
Neste livro, os autores apresentam resultados de mais de oito anos de experiência e pesquisas em Educação a Distância *online* (EaDonline), com exemplos de cursos ministrados para professores de Matemática. Além de cursos, outras práticas pedagógicas, como

Outros títulos da coleção "Tendências em Educação Matemática"

comunidades virtuais de aprendizagem e o desenvolvimento de projetos de modelagem realizados a distância, são descritas. Ainda que os três autores deste livro sejam da área de Educação Matemática, algumas das discussões nele apresentadas, como formação de professores, o papel docente em EaDonline, além de questões de metodologia de pesquisa qualitativa, podem ser adaptadas a outras áreas do conhecimento. Neste sentido, esta obra se dirige àquele que ainda não está familiarizado com a EaDonline e também àquele que busca refletir de forma mais intensa sobre sua prática nesta modalidade educacional. Cabe destacar que os três autores têm ministrado aulas em ambientes virtuais de aprendizagem.

Educação Estatística - teoria e prática em ambientes de modelagem matemática
Autores: Celso Ribeiro Campos, Maria Lúcia Lorenzetti Wodewotzki, Otávio Roberto Jacobini
Este livro traz ao leitor um estudo minucioso sobre a Educação Estatística e oferece elementos fundamentais para o ensino e a aprendizagem em sala de aula dessa disciplina, que vem se difundindo e já integra a grade curricular dos ensinos fundamental e médio. Os autores apresentam aqui o que apontam as pesquisas desse campo, além de fomentarem discussões acerca das teorias e práticas em interface com a modelagem matemática e a educação crítica.

Educação matemática de jovens e adultos – especificidades, desafios e contribuições
Autora: Maria da Conceição F. R. Fonseca
Neste livro, Maria da Conceição F. R. Fonseca apresenta ao leitor uma visão do que é a Educação de Adultos e de que forma essa se entrelaça com a Educação Matemática. A autora traz para o leitor reflexões atuais feitas por ela e por outros educadores que são referência na área de Educação de Jovens e Adultos no país. Este quinto volume da coleção "Tendências em Educação Matemática" certamente irá impulsionar a pesquisa e a reflexão sobre o tema, fundamental para a compreensão da questão do ponto de vista social e político.

Etnomatemática – elo entre as tradições e a modernidade
Autor: Ubiratan D'Ambrosio
Neste livro, Ubiratan D'Ambrosio apresenta seus mais recentes pensamentos sobre Etnomatemática, uma tendência da qual é um dos fundadores. Ele propicia ao leitor uma análise do papel da Matemática na cultura ocidental e da noção de que Matemática é apenas uma forma de Etnomatemática. O autor discute como a análise desenvolvida é relevante para a sala de aula. Faz ainda

COLEÇÃO "TENDÊNCIAS EM EDUCAÇÃO MATEMÁTICA"

um arrazoado de diversos trabalhos na área já desenvolvidos no país e no exterior.

Etnomatemática em movimento

Autoras: Claudia Glavam Duarte, Fernanda Wanderer, Gelsa Knijnik, Ieda Maria Giongo
Integrante da coleção "Tendências em Educação Matemática", este livro traz ao público um minucioso estudo sobre os rumos da Etnomatemática, cuja referência principal é o brasileiro Ubiratan D'Ambrosio. As ideias aqui discutidas tomam como base o desenvolvimento dos estudos etnomatemáticos e a forma como o movimento de continuidades e deslocamentos tem marcado esses trabalhos, centralmente ocupados em questionar a política do conhecimento dominante. As autoras refletem aqui sobre as discussões atuais em torno das pesquisas etnomatemáticas e o percurso tomado sobre essa vertente da Educação Matemática, desde seu surgimento, nos anos 1970, até os dias atuais.

Fases das tecnologias digitais em Educação Matemática – sala de aula e internet em movimento

Autores: George Gadanidis, Marcelo de Carvalho Borba, Ricardo Scucuglia Rodrigues da Silva
Com base em suas experiências enquanto docentes e pesquisadores, associadas a uma análise acerca das principais pesquisas desenvolvidas no Brasil sobre o uso de tecnologias digitais no ensino e aprendizagem de Matemática, os autores apresentam uma perspectiva fundamentada em quatro fases. Inicialmente, os leitores encontram uma descrição sobre cada uma dessas fases, o que inclui a apresentação de visões teóricas e exemplos de atividades matemáticas características em cada momento. Baseados na "perspectiva das quatro fases", os autores discutem questões sobre o atual momento (quarta fase). Especificamente, eles exploram o uso do *software* GeoGebra no estudo do conceito de derivada, a utilização da internet em sala de aula e a noção denominada performance matemática digital, que envolve as artes.
Este livro, além de sintetizar de forma retrospectiva e original uma visão sobre o uso de tecnologias em Educação Matemática, resgata e compila de maneira exemplificada questões teóricas e propostas de atividades, apontando assim inquietações importantes sobre o presente e o futuro da sala de aula de Matemática. Portanto, esta obra traz assuntos potencialmente interessantes para professores e pesquisadores que atuam na Educação Matemática.

Outros títulos da coleção "Tendências em Educação Matemática"

Filosofia da Educação Matemática
Autores: Maria Aparecida Viggiani Bicudo, Antonio Vicente Marafioti Garnica
Neste livro, Maria Bicudo e Antonio Vicente Garnica apresentam ao leitor suas ideias sobre Filosofia da Educação Matemática. Eles propiciam ao leitor a oportunidade de refletir sobre questões relativas à Filosofia da Matemática, à Filosofia da Educação e mostram as novas perguntas que definem essa tendência em Educação Matemática. Neste livro, em vez de ver a Educação Matemática sob a ótica da Psicologia ou da própria Matemática, os autores a veem sob a ótica da Filosofia da Educação Matemática.

Formação matemática do professor – licenciatura e prática docente escolar
Autores: Plinio Cavalcante Moreira e Maria Manuela M. S. David
Neste livro, os autores levantam questões fundamentais para a formação do professor de Matemática. Que Matemática deve o professor de Matemática estudar? A acadêmica ou aquela que é ensinada na escola? A partir de perguntas como essas, os autores questionam essas opções dicotômicas e apontam um terceiro caminho a ser seguido. O livro apresenta diversos exemplos do modo como os conjuntos numéricos são trabalhados na escola e na academia. Finalmente, cabe lembrar que esta publicação inova ao integrar o livro com a internet. No site da editora www.autenticaeditora.com.br, procure por Educação Matemática e pelo título "A formação matemática do professor: licenciatura e prática docente escolar", onde o leitor pode encontrar alguns textos complementares ao livro e apresentar seus comentários, críticas e sugestões, estabelecendo, assim, um diálogo online com os autores.

História na Educação Matemática – propostas e desafios
Autores: Antonio Miguel e Maria Ângela Miorim
Neste livro, os autores discutem diversos temas que interessam ao educador matemático. Eles abordam História da Matemática, História da Educação Matemática e como essas duas regiões de inquérito podem se relacionar com a Educação Matemática. O leitor irá notar que eles também apresentam uma visão sobre o que é História e abordam esse difícil tema de uma forma acessível ao leitor interessado no assunto. Este décimo volume da coleção certamente transformará a visão do leitor sobre o uso de História na Educação Matemática.

Informática e Educação Matemática
Autores: Marcelo de Carvalho Borba, Miriam Godoy Penteado
Os autores tratam de maneira inovadora e consciente da presença da informática na sala de aula quando do ensino de Matemática.

Sem prender-se a clichês que entusiasmadamente apoiam o uso de computadores para o ensino de Matemática ou criticamente negam qualquer uso desse tipo, os autores citam exemplos práticos, fundamentados em explicações teóricas objetivas, de como se pode relacionar Matemática e informática em sala de aula. Tratam também de questões políticas relacionadas à adoção de computadores e calculadoras gráficas para o ensino de Matemática.

Interdisciplinaridade e aprendizagem da Matemática em sala de aula
Autores: Vanessa Sena Tomaz e Maria Manuela M. S. David
Como lidar com a interdisciplinaridade no ensino da Matemática? De que forma o professor pode criar um ambiente favorável que o ajude a perceber o que e como seus alunos aprendem? Essas são algumas das questões elucidadas pelas autoras neste livro, voltado não só para os envolvidos com Educação Matemática como também para os que se interessam por educação em geral. Isso porque um dos benefícios deste trabalho é a compreensão de que a Matemática está sendo chamada a engajar-se na crescente preocupação com a formação integral do aluno como cidadão, o que chama a atenção para a necessidade de tratar o ensino da disciplina levando-se em conta a complexidade do contexto social e a riqueza da visão interdisciplinar na relação entre ensino e aprendizagem, sem deixar de lado os desafios e as dificuldades dessa prática.
Para enriquecer a leitura, as autoras apresentam algumas situações ocorridas em sala de aula que mostram diferentes abordagens interdisciplinares dos conteúdos escolares e oferecem elementos para que os professores e os formadores de professores criem formas cada vez mais produtivas de se ensinar e inserir a compreensão matemática na vida do aluno.

Investigações matemáticas na sala de aula
Autores: João Pedro da Ponte, Joana Brocardo, Hélia Oliveira
Neste livro, os autores analisam como práticas de investigação desenvolvidas por matemáticos podem ser trazidas para a sala de aula. Eles mostram resultados de pesquisas ilustrando as vantagens e dificuldades de se trabalhar com tal perspectiva em Educação Matemática. Geração de conjecturas, reflexão e formalização do conhecimento são aspectos discutidos pelos autores ao analisarem os papéis de alunos e professores em sala de aula, quando lidam com problemas em áreas como Geometria, Estatística e Aritmética.
Este livro certamente levará o leitor a outros títulos da coleção, na medida em que lida com temas como, por exemplo, o papel da informática em investigações e temas relacionados à psicologia da Educação Matemática.

Outros títulos da coleção "Tendências em Educação Matemática"

Lógica e linguagem cotidiana – verdade, coerência, comunicação, argumentação
Autores: Nílson José Macado e Marisa Ortegoza da Cunha
Neste livro, os autores buscam ligar as experiências vividas em nosso cotidiano a noções fundamentais tanto para a Lógica como para a Matemática. Através de uma linguagem acessível, o livro possui uma forte base filosófica que sustenta a apresentação sobre Lógica e certamente ajudará a coleção a ir além dos muros do que hoje é denominado Educação Matemática. A bibliografia comentada permitirá que o leitor procure outras obras para aprofundar os temas de seu interesse, e um índice remissivo, no final do livro, permitirá que o leitor ache facilmente explicações sobre vocábulos como contradição, dilema, falácia, proposição e sofisma. Embora este livro seja recomendado a estudantes de cursos de graduação e de especialização, em todas as áreas, ele também se destina a um público mais amplo. Visite também o site *www.rc.unesp.br/igce/pgem/gpimem.html*.

Matemática e arte
Autor: Dirceu Zaleski Filho
Neste livro, Dirceu Zaleski Filho propõe reaproximar a Matemática e a arte no ensino. A partir de um estudo sobre a importância da relação entre essas áreas, o autor elabora aqui uma análise da contemporaneidade e oferece ao leitor uma revisão integrada da História da Matemática e da História da Arte, revelando o quão benéfica sua conciliação pode ser para o ensino. O autor sugere aqui novos caminhos para a Educação Matemática, mostrando como a Segunda Revolução Industrial – a eletroeletrônica, no século XXI – e a arte de Paul Cézanne, Pablo Picasso e, em especial, Piet Mondrian contribuíram para essa reaproximação, e como elas podem ser importantes para o ensino de Matemática em sala de aula. *Matemática e Arte* é um livro imprescindível a todos os professores, alunos de graduação e de pós-graduação e, fundamentalmente, para professores da Educação Matemática.

Modelagem em Educação Matemática
Autores: Ademir Donizeti Caldeira, Ana Paula dos Santos Malheiros, João Frederico da Costa de Azevedo Meyer
A partir de pesquisas e da experiência adquirida em sala de aula, os autores deste livro oferecem aos leitores reflexões sobre aspectos da Modelagem e suas relações com a Educação Matemática. Esta obra mostra como essa disciplina pode funcionar como uma estratégia na qual o aluno ocupa lugar central na escolha de seu currículo.

Os autores também apresentam aqui a trajetória histórica da Modelagem e provocam discussões sobre suas relações, possibilidades e perspectivas em sala de aula, sobre diversos paradigmas educacionais e sobre a formação de professores. Para eles, a Modelagem deve ser datada, dinâmica, dialógica e diversa. A presente obra oferece um minucioso estudo sobre as bases teóricas e práticas da Modelagem e, sobretudo, a aproxima dos professores e alunos de Matemática.

O uso da calculadora nos anos iniciais do ensino fundamental
Autoras: Ana Coelho Vieira Selva e Rute Elizabete de Souza Borba
Neste livro, Ana Selva e Rute Borba abordam o uso da calculadora em sala de aula, desmistificando preconceitos e demonstrando a grande contribuição dessa ferramenta para o processo de aprendizagem da Matemática. As autoras apresentam pesquisas, analisam propostas de uso da calculadora em livros didáticos e descrevem experiências inovadoras em sala de aula em que a calculadora possibilitou avanços nos conhecimentos matemáticos dos estudantes dos anos iniciais do ensino fundamental. Trazem também diversas sugestões de uso da calculadora na sala de aula que podem contribuir para um novo olhar, por parte dos professores, para o uso dessa ferramenta no cotidiano da escola.

Pesquisa Qualitativa em Educação Matemática
Organizadores: Marcelo de Carvalho Borba, Jussara de Loiola Araújo
Os autores apresentam, neste livro, algumas das principais tendências no que tem sido denominado "Pesquisa Qualitativa em Educação Matemática". Essa visão de pesquisa está baseada na ideia de que há sempre um aspecto subjetivo no conhecimento produzido. Não há, nessa visão, neutralidade no conhecimento que se constrói. Os quatro capítulos explicam quatro linhas de pesquisa em Educação Matemática, na vertente qualitativa, que são representativas do que de importante vem sendo feito no Brasil. São capítulos que revelam a originalidade de seus autores na criação de novas direções de pesquisa.

Psicologia na Educação Matemática
Autor: Jorge Tarcísio da Rocha Falcão
Neste livro, o autor apresenta ao leitor a Psicologia da Educação Matemática, embasando sua visão em duas partes. Na primeira, ele discute temas como psicologia do desenvolvimento e psicologia escolar e da aprendizagem, mostrando como um novo domínio emerge dentro dessas áreas mais tradicionais. Em segundo lugar,

Outros títulos da coleção "Tendências em Educação Matemática"

são apresentados resultados de pesquisa, fazendo a conexão com a prática daqueles que militam na sala de aula. O autor defende a especificidade deste novo domínio, na medida em que é relevante considerar o objeto da aprendizagem, e sugere que a leitura deste livro seja complementada por outros desta coleção, como *Didática da Matemática: sua influência francesa, Informática e Educação Matemática e Filosofia da Educação Matemática.*

Relações de gênero, Educação Matemática e discurso – enunciados sobre mulheres, homens e matemática
Autoras: Maria Celeste Reis Fernandes de Souza, Maria da Conceição F. R. Fonseca

Neste livro, as autoras nos convidam a refletir sobre o modo como as relações de gênero permeiam as práticas educativas, em particular as que se constituem no âmbito da Educação Matemática. Destacando o caráter discursivo dessas relações, a obra entrelaça os conceitos de *gênero*, *discurso* e *numeramento* para discutir enunciados envolvendo mulheres, homens e Matemática. As autoras elegeram quatro enunciados que circulam recorrentemente em diversas práticas sociais: "Homem é melhor em Matemática (do que mulher)"; "Mulher cuida melhor... mas precisa ser cuidada"; "O que é escrito vale mais" e "Mulher também tem direitos". A análise que elas propõem aqui mostra como os discursos sobre relações de gênero e matemática repercutem e produzem desigualdades, impregnando um amplo espectro de experiências que abrange aspectos afetivos e laborais da vida doméstica, relações de trabalho e modos de produção, produtos e estratégias da mídia, instâncias e preceitos legais e o cotidiano escolar.

Tendências internacionais em formação de professores de Matemática
Organizador: Marcelo de Carvalho Borba

Neste livro, alguns dos mais importantes pesquisadores em Educação Matemática, que trabalham em países como África do Sul, Estados Unidos, Israel, Dinamarca e diversas Ilhas do Pacífico, nos trazem resultados dos trabalhos desenvolvidos. Esses resultados e os dilemas apresentados por esses autores de renome internacional são complementados pelos comentários que Marcelo C. Borba faz na apresentação, buscando relacionar as experiências deles com aquelas vividas por nós no Brasil. Borba aproveita também para propor alguns problemas em aberto, que não foram tratados por eles, além de destacar um exemplo de investigação sobre a formação de professores de Matemática que foi desenvolvida no Brasil.

Este livro foi composto com tipografia Palatino e impresso
em papel Off Set 70 g/m² na Formato Artes Gráficas.